딥페이크부터 AI 저작권까지,
과학을 말해요

이슈 토론 생각을 넓혀라_3
딥페이크부터 AI 저작권까지, 과학을 말해요

초판 1쇄 발행 2024년 10월 7일
초판 2쇄 발행 2025년 5월 27일

글 양서윤
그림 신병근 선주리 이혜원

펴낸곳 도서출판 개암나무(주)
펴낸이 김보경
경영관리 총괄 김수현 **경영관리** 배정은 조영재
편집 조원선 김소희 오은정 이혜인 **디자인** 이은주 **마케팅** 이기성
출판등록 2006년 6월 16일 제22-2944호

주소 서울특별시 용산구 한남대로40길 19, 4층(한남동, JD빌딩) (우)04417
전화 (02)6254-0601, 6207-0603 **팩스** (02)6254-0602 **E-mail** gaeam@gaeamnamu.co.kr
개암나무 블로그 http://blog.naver.com/gaeamnamu **개암나무 카페** http://cafe.naver.com/gaeam

ⓒ 양서윤, 신병근 2024
이 책의 저작권은 저자에게 있습니다.
저자와 출판사의 허락 없이 내용의 일부를 인용하거나 발췌하는 것을 금합니다.

ISBN 978-89-6830-840-6 74300
ISBN 978-89-6830-778-2 74300 (세트)

품명 아동 도서 | **제조년월** 2025년 5월 27일 | **사용연령** 11세 이상
제조자명 개암나무(주) | **제조국명** 대한민국 | **전화번호** 02-6254-0601
주소 서울특별시 용산구 한남대로40길 19, 4층(한남동, JD빌딩)

이슈 토론 생각을 넓혀라_3

양서윤 글 신병근 그림

딥페이크부터 AI 저작권까지, 과학을 말해요

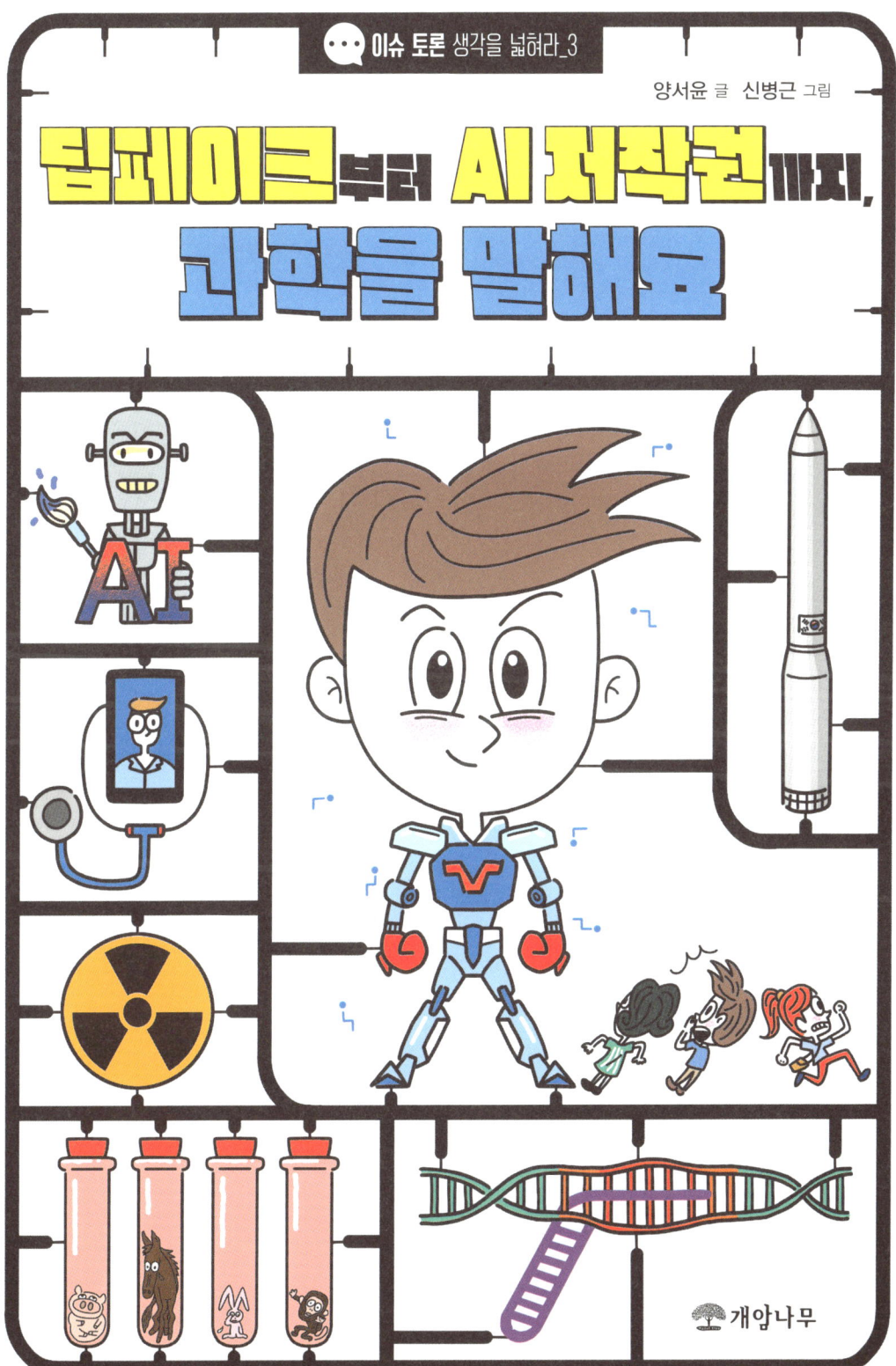

개암나무

작가의 말

올해 개봉한 영화 〈에이리언: 로물루스〉에 사망한 배우가 생성형 AI로 다시 등장했어요. 영화가 얼마나 감쪽같은지, 관객들 사이에서 그 배우가 실제로 돌아온 줄 알았다는 이야기가 나올 정도였지요. 여러 히어로 영화에서도 증강 현실과 모션 캡처 기술을 사용해 가상의 우주 공간과 캐릭터를 더욱 실감 나게 만들었어요. 이처럼 먼 미래에나 가능할 것 같았던 과학 기술이 빠르게 발전하여, 이미 우리 생활 깊숙이 들어왔지요. 현실과 가상 세계를 융합하는 AI는 우리의 생각과 상상력의 범위를 넓히고 있어요.

하지만 혁신적인 기술이 항상 긍정적이기만 할까요? 때로는 첨단 기술이 범죄에 이용되어 사회에 혼란을 일으키기도 해요. 여러분도 AI 기술이 발전하면서 사이버 범죄가 증가한 사실을 알고 있을 겁니다. 지금도 지나치게 현실과 유사한 딥페이크 불법 합성물, 보이스피싱, AI 저작권 문제가 끊이지 않고 있죠. 가수의 목소리를 불법으로 이용해 노래 영상을 조작하는 일도 일어났어요.

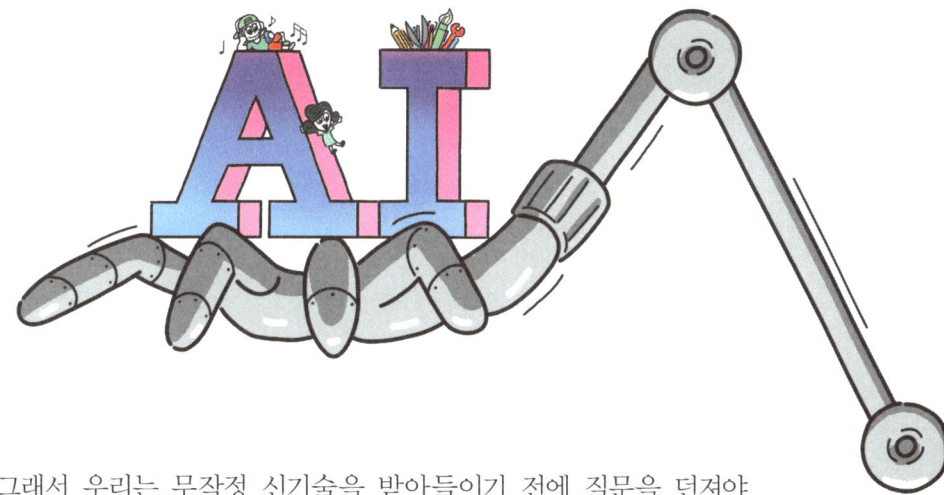

그래서 우리는 무작정 신기술을 받아들이기 전에 질문을 던져야 합니다. AI가 그린 그림을 미술관에 전시해도 되는지, 장애를 치료하기 위해 뇌에 칩을 심어도 되는지, 인류의 불치병을 고치기 위해 동물을 희생하는 실험을 해도 되는지 말이에요.

질문에 대답하는 게 어려울 수도 있어요. 오늘날 첨단 과학 기술에는 다양한 의견과 논란이 있어서, 과학을 좋아하는 친구나 어른도 이런 질문에 쉽게 답하기 어렵거든요. 하지만 걱정하지 마세요! 이 책을 통해 친구들과 함께 생각하고 이야기를 나누다 보면, 과학의 발전을 쉽게 이해하고 배울 수 있을 거예요. 재잘재잘 떠드는 6학년 1반 친구들의 이야기에 빠져들면, 누구나 재미있게 과학을 주제로 토론할 수 있답니다. 우리 함께 빠르게 발전하는 첨단 과학 기술을 따라잡아 봐요.

양서윤

차례

- 작가의 말 · 4

딥페이크 기술, 규제해야 할까? · 8

유전자 복제·교정, 허용해야 할까? · 20

백신 접종, 반드시 필요할까? · 32

원자력 에너지, 정말 필요할까? · 43

우주 개발 예산, 확대해야 할까? · 56

AI로 만든 창작물, 저작권이 있을까? · 68

진찰을 받으려면 꼭 의사를 만나야 할까? · 82

동물 실험, 계속해야 할까? · 97

딥페이크 기술, 규제해야 할까?

"얘들아, 너희들 어제 뜬 바이올렛 영상 봤어?"

나은이가 호들갑을 떨며 교실로 들어왔다.

"SNS에 뭐 떴어?"

유명 아이돌 이야기에 반 친구들이 나은이 곁으로 모여들었다.

"이것 좀 봐."

나은이가 스마트폰을 클릭하자 바이올렛이 수영복을 입고 환한 미소로 춤을 추는 영상이 나왔다.

"이나은, 그 영상 딥페이크야. 어떤 나쁜 사람이 가짜로 조작한 영상이라고!"

현우가 얼굴이 벌게져서는 교실이 쩌렁쩌렁 울리게 외쳤다.

"가짜? 이 영상이 가짜라고?"

스마트폰을 보던 아이들이 동시에 물었다. 텔레비전에서 보던 모습과 똑같은데, 가짜라니 믿기지 않았다.

"방금 바이올렛 소속사에서 불법 합성물이라고 발표했어."

"그래? 하지만 가짜라기에는 목소리까지 바이올렛하고 똑같아."

나은이는 영상 속 발랄한 노랫소리가 익숙하다고 말했다. 다른 아이들도 현우의 말을 믿지 못하는 눈치였다.

"자, 모두 스마트폰 끄렴."

때마침 교실로 들어온 오정의 선생님이 시끌시끌한 6학년 1반을 진정시켰다.

"아이돌의 딥페이크 영상이 퍼진 모양이구나."

"네, 누군가 우리 바이올렛 누나를 괴롭히려고 영상을 조작했어요."

바이올렛 광팬인 현우가 입술을 꽉 깨물었다.

"최근 AI 기술이 발전하면서 실제 인물이 촬영한 듯한 가짜 영상을 만들어 퍼뜨리는 범죄가 기승을 부리고 있단다. 관련 기사를 보며 이 주제로 토론해 볼까?"

선생님은 딥페이크에 대한 자료를 화면에 띄웠다.

토론을 시작하기 전에!

딥페이크 기술, 규제해야 한다

한 사기단이 딥페이크 오디오를 사용해 아랍 에미리트의 한 기업에서 3,500만 달러(한화 약 497억 원)를 가져가는 데 성공했습니다. 이들은 임원 목소리로 직원에게 전화해 다른 회사를 인수해야 한다며 돈을 요구했습니다. 딥페이크 음성 기술이 사이버 사기 범죄에 악용된 것입니다.

딥페이크 범죄로 인한 금전 피해 커

경찰이 2021년 발표한 '불법 합성물 제작·유포 사범 집중 수사' 통계를 보면, 딥페이크 기술로 만든 불법 합성물을 퍼뜨린 범인 70퍼센트가 10대로 드러났습니다. 경찰은 "일부 청소년이 딥페이크로 타인의 얼굴을 장난 삼아 합성한다"며 "불법 합성물 제작·유포는 타인에게 심각한 피해를 끼치는 중대 범죄"라고 말했습니다.

불법 합성물 제작·유포하는 10대 많아

딥페이크 영상은 전쟁부터 선거까지 전 세계적으로 다양하게 활용되고 있습니다. 가장 큰 문제는 딥페이크 기술로 가짜 뉴스가 만들어진다는 사실입니다. 러시아-우크라이나 전쟁이 한창이던 시기, 우크라이나 젤렌스키 대통령의 항복 영상이 퍼졌습니다. 젤렌스키 대통령은 조작된 영상이라고 밝혔습니다.

딥페이크 조작 영상, 부작용 잇따라

딥페이크 기술, 규제하면 안 된다

독일의 한 연구소에서는 AI가 딥페이크 의료 영상으로 질병 진단을 학습하고 있습니다. 환자의 민감 데이터가 부족하고, 의료용 3D 이미지 합성 비용이 비싸 연구와 AI 학습이 어려웠지만, 딥페이크 기술 덕분에 환자 정보 유출 없이 충분한 데이터를 생성하게 되었습니다.

딥페이크, 의료 진단에 활용

한 유명 패션 브랜드는 코로나19로 오프라인 패션쇼가 불가능해지자 딥페이크 기술을 활용했습니다. 실제 모델 대신 가상 인물이 여러 옷을 입고 런웨이를 걸었습니다. 이로 인해 시간과 장소에 구애받지 않고 패션쇼를 진행하며 비용을 절감했습니다. 또 전 세계 어디서나 온라인으로 쉽게 패션쇼를 관람할 수 있었습니다.

패션쇼에도 활용되는 딥페이크

딥페이크 기술로 전설적인 가수를 복원했습니다. 가수의 생전 모습을 그대로 재현하여 무대에서 노래까지 불렀습니다. 팬들은 마치 가수가 다시 돌아온 듯한 특별한 경험을 하였습니다. 이러한 기술은 역사적인 공연을 재현하거나 교육 목적으로 활용할 수 있습니다.

죽은 사람과 재회 가능해

"현우야, 바이올렛 영상에 대해 설명해 줄래?"

오정의 선생님이 부드럽게 말했다.

 "어젯밤, 인터넷에 갑자기 바이올렛이 수영복을 입고 춤추는 영상이 퍼졌어요. 맨 마지막에는 바이올렛이 욕도 해요."

현우는 영상 내용을 힘없이 설명했다.

 "바이올렛은 절대 그런 사람이 아니에요. 안티팬이 퍼뜨린 게 분명해요. 소속사도 그렇게 발표했고요."

 "그렇게 된 일이구나."

자초지종을 들은 선생님과 아이들이 서로 쳐다보았다.

 "저는 너무 실제 같아서 가짜인지 전혀 몰랐어요."

정교한 영상에 속은 나은이가 한숨을 쉬며 진지하게 이야기했다.

 "다른 팬들도 처음에는 저처럼 영상이 진짜라고 생각했어요. 얼굴은 물론이고 목소리까지 똑같아서 깜빡 속았어요. 이건 모두 딥페이크 때문이니까 딥페이크를 못 쓰게 해야 돼요."

 "에이, 딥페이크 범죄가 일어난다고 딥페이크 기술을 못 쓰게 하

지식 플러스

딥페이크 기술이란?

AI 딥러닝(deep learning)과 페이크(fake)를 합친 말로, AI가 기존 이미지, 음성, 영상을 분석해 가상의 영상을 만드는 기술이에요. 예전에는 얼굴과 몸 전체를 합성해야 했지만, 이제는 눈, 코, 입 부분만 합성할 수도 있어요. 방법이 어렵지 않아 적은 노력으로도 실제 같은 영상을 만들 수 있어요.

는 건 너무 심하죠."

동현이가 팔짱을 끼고 또박또박 반박하자 반 아이들은 눈만 껌벅거렸다.

"딥페이크는 AI로 영상을 합성해 새로운 영상을 만드는 훌륭한 기술이에요. 범죄자는 처벌해야 하지만 과학 기술의 발전을 막아서는 안 돼요!"

평소 프로그래밍에 관심이 많은 동현이는 자신만만하게 의견을 내놓았다.

"전 반대예요. 바이올렛의 가짜 영상도 벌써 세 번째예요. 그냥 놔두면 분명 또 다른 딥페이크 영상이 퍼질 거예요!"

현우는 침까지 튀기며 강하게 주장했다.

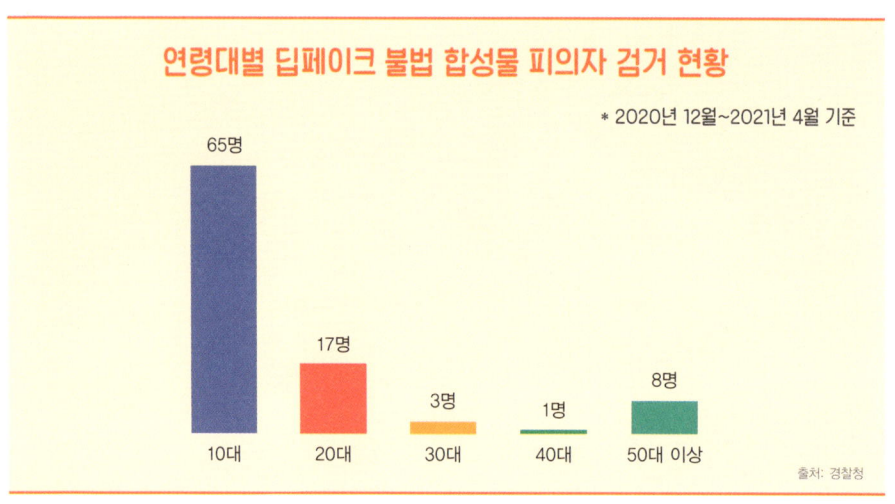

"현재 딥페이크 범죄는 나날이 증가하고 있어요. 특히 딥페이크 범죄자 10명 중 7명이 10대고, 20대 가해자까지 합치면 90퍼센트에 달할 정도로 젊은 층에 빠르게 번지고 있죠."

오정의 선생님이 경찰청의 조사 결과를 보여 주었다. 아이들은 뜻밖의 내용에 놀라 웅성거렸다.

"선생님 말씀이 맞아요. 이번 바이올렛 영상도 중학생이 만들어서 퍼뜨렸거든요. 범죄가 분명한데 경찰에게 장난이었을 뿐이라고 변명했대요."

어이없다는 표정을 짓던 나은이의 목소리가 점점 커졌다.

"호기심으로 저지른 일이라 하더라도, 딥페이크로 불법 합성물을 만들어 유포한 일 자체가 중대 범죄예요. 절대 해서는 안 되지요."

오정의 선생님이 거듭 강조했다.

"하지만 딥페이크는 우리나라뿐 아니라 전 세계에서 유행하는 기술이에요. 영화에도 딥페이크 기술을 활용해요. 기존 CG 기술보다 더 정교해 한 유명 배우의 젊은 시절을 실감 나게 재현할 수 있었대요. 범죄에 이용된다는 이유로 과학 기술 사용을 반대하면 안 돼요."

> **용어 정리**
>
> **CG**: 컴퓨터 그래픽(computer graphics)의 약자예요. 컴퓨터를 이용하여 도형이나 화상 등의 데이터를 만들어 내는 기술이에요. 컴퓨터 시뮬레이션, 영화 등 다양한 분야에서 활용하고 있어요.

동현이는 자신이 좋아하는 할리우드 영화를 예로 들었다.

"글쎄, 딥페이크 범죄는 가볍게 넘길 수준이 아니에요. 특히 불법 성착취 영상물 제작 같은 성범죄에도 많이 악용돼 더욱 문제죠. 네덜란드의 한 사이버 보안 업체에서 조사한 결과, 딥페이크 영상의 96퍼센트는 불법 합성물이었어요. 피해자 가운데는 미국 여배우가 41퍼센트로 가장 많고, 한국 여성 연예인도 무려 25퍼센트나 되었지요."

선생님은 딥페이크 기술을 이용한 불법 합성물의 실태를 설명했다.

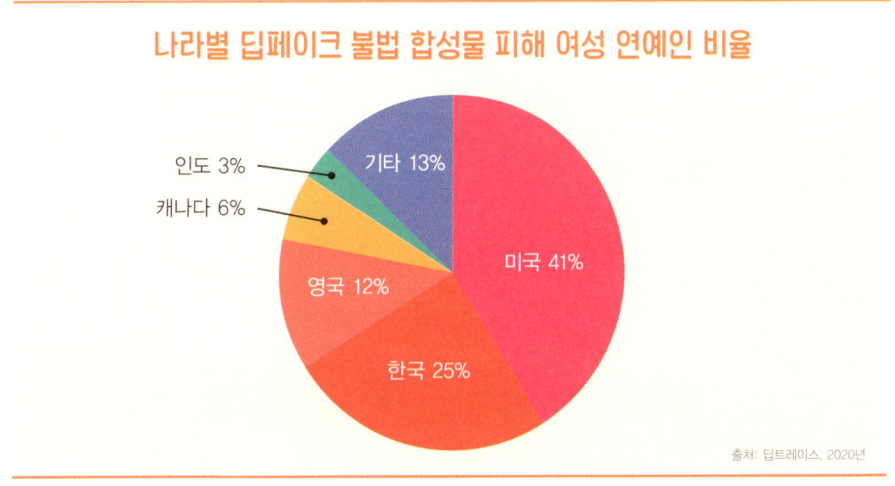

나라별 딥페이크 불법 합성물 피해 여성 연예인 비율

- 미국 41%
- 한국 25%
- 영국 12%
- 캐나다 6%
- 인도 3%
- 기타 13%

출처: 딥트레이스, 2020년

> **용어 정리**
>
> **촉법 소년:** 소년 형벌을 받을 범법 행위를 한 형사 미성년자를 말해요. 만 10세 이상~14세 미만으로, 형사 책임을 지지 않아요.

"더 큰 문제는 일반인을 대상으로 하는 범죄가 늘고 있다는 점이에요. 이런 영상이 한번 유포되면 삭제도 무척 어렵지요. 경찰은 심각성을 인지하고 나날이 증가하는 불법 합성물 제작과 유포에 엄정하게 대응하겠다고 선언했어요. 특히 만 10세 이상~14세 미만 촉법 소년이라도 철저하게 수사하겠다고 밝혔지요. 딥페이크 기술로 불법 합성물을 제작, 유포, 상영하는 건 5년 이하의 징역이나 5,000만 원 이하의 벌금형이 내려질 정도로 무거운 범죄예요."

"자료를 보니 특히 딥페이크 기술로 만든 불법 성착취 영상물 삭제·차단 요청 건수는 2023년에 5,996건으로, 2021년에 비해 3배 이상 늘었대요. 바이올렛 외에도 다른 피해자들이 계속 생길까 봐 답답해요."

현우의 눈에 걱정이 가득했다.

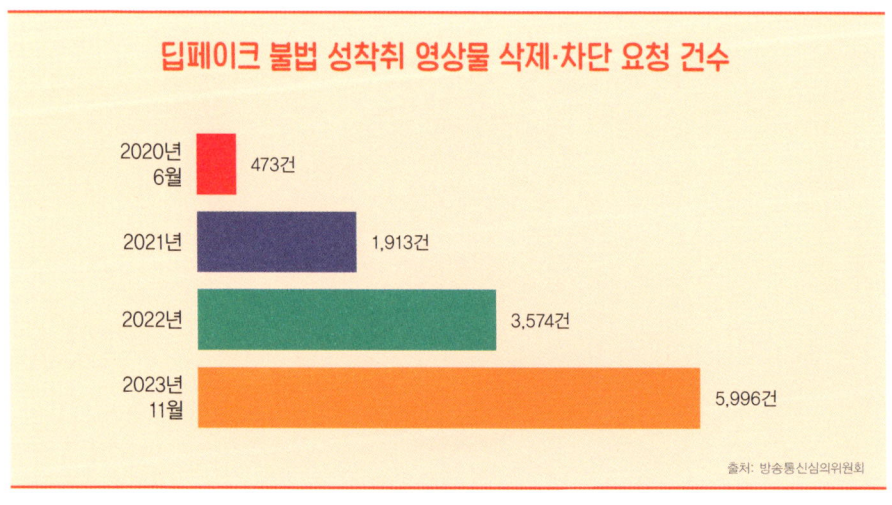

딥페이크 불법 성착취 영상물 삭제·차단 요청 건수

- 2020년 6월: 473건
- 2021년: 1,913건
- 2022년: 3,574건
- 2023년 11월: 5,996건

출처: 방송통신심의위원회

"만약 현우가 이야기해 주지 않았다면 저는 바이올렛 영상이 진짜라고 믿었을 거예요. 평소 모습이랑 똑같았거든요."

"맞아. 나도 깜빡 속았어."

"나도."

여기저기에서 아이들이 심각한 표정으로 맞장구쳤다.

 "AI가 발전하면서 딥페이크 기술로 범죄를 저지르는 사람이 늘어난 건 사실이에요. 하지만 딥페이크를 무조건 금지하는 건, 교통 사고가 날 수 있다고 해서 자동차를 아예 타지 못하게 하는 것과 똑같아요."

지훈이가 입을 열자 술렁대던 교실이 조용해졌다.

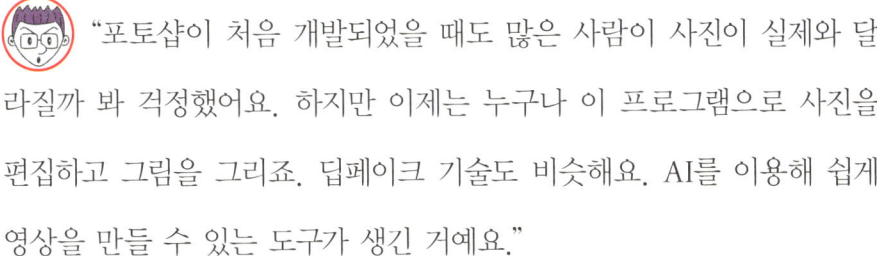

"지금도 성폭력 처벌법이 있어 범죄자를 검거하고 있어요. 필요하다면 법을 강화하거나 사이버 범죄를 담당하는 경찰을 늘리면 돼요."

지훈이는 아이들을 둘러보며 어깨를 으쓱했다.

"포토샵이 처음 개발되었을 때도 많은 사람이 사진이 실제와 달라질까 봐 걱정했어요. 하지만 이제는 누구나 이 프로그램으로 사진을 편집하고 그림을 그리죠. 딥페이크 기술도 비슷해요. AI를 이용해 쉽게 영상을 만들 수 있는 도구가 생긴 거예요."

"하지만 딥페이크 기술로 가짜 뉴스를 만들 수도 있어요. 사람의 겉모습뿐 아니라 목소리와 말투까지 흉내 낼 수 있어서, 영상 통화를 이용한 보이스 피싱에도 쓰인대요. 예전에 우크라이나 대통령이 전쟁 중 러시아에 항복하는 가짜 영상이 퍼진 적도 있었어요."

나은이는 선생님이 보여 준 자료를 근거로 내세웠다.

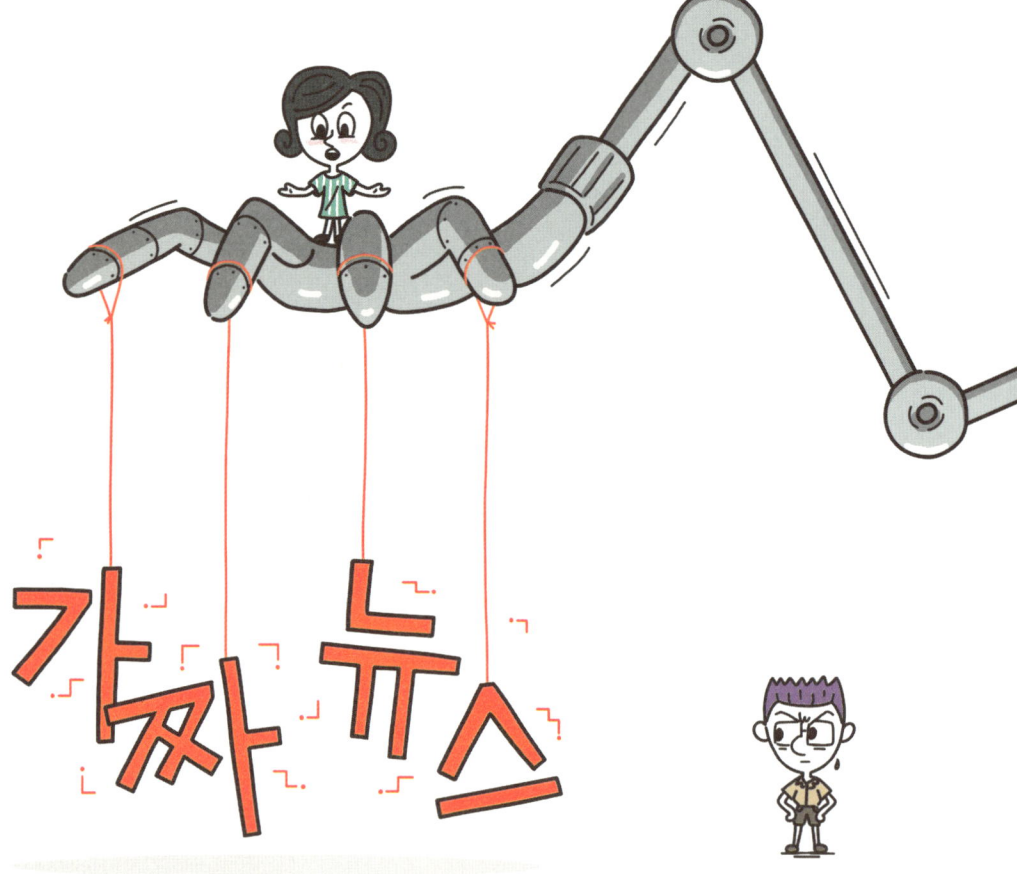

"기술 발전에는 늘 그렇듯 장단점이 있어요. 딥페이크 기술은 질병 진단에도 사용해요. 가상 인물로 사생활 침해도 예방할 수 있지요."

"맞아요. 딥페이크 기술의 좋은 점도 있어요. 한 영화에서는 사망한 배우가 다시 등장해 많은 사람이 감동하기도 했어요. 딥페이크 기술이 아니면 절대 할 수 없는 일이에요."

지훈이의 주장에 동현이도 맞장구쳤다. 지훈이는 말을 이었다.

"무조건 딥페이크 기술을 반대할 것이 아니라 좋은 기능은 사용하고 나쁜 기능은 못 쓰게 규제하면 돼요."

"사실 딥페이크 기술은 너무 쉽게 다룰 수 있어서 문제예요. 앱이 무료인 데다, 몇 번만 클릭하면 가짜 영상이 완성되거든요. 순식간에 범죄에 악용할 수 있는 가짜 영상을 만들 수 있는데, 그냥 두면 절대 안 돼요."

> **용어 정리**
>
> **워터마크:** 저작권 정보를 알 수 있게 문서나 그림에 출처를 표기하는 거예요.

현우가 단호한 목소리로 말했다. 선생님은 고개를 끄덕였다.

"실제로 여러 나라에서 딥페이크 기술의 악용을 막기 위해 노력하고 있어요. 가령 중국은 딥페이크 기술을 포괄적으로 규제했어요. 딥페이크 기술로 만든 콘텐츠는 반드시 그 사실을 명시하고, 얼굴이나 목소리를 편집하려면 당사자의 동의를 받도록 규정했죠. 영국은 딥페이크 기술로 불법 성 착취 영상을 만드는 것만으로도 처벌받을 수 있게 법을 바꿨고, 미국과 유럽은 AI로 만든 콘텐츠에 워터마크를 표시하도록 했어요. 우리나라 역시 딥페이크를 이용한 선거 운동을 금지하고 있지요. 우리도 이 기술을 어떻게 사용해야 할지 깊이 고민해 보아요."

토론의 쟁점을 정리해 볼까요?

 현우  나은    동현 지훈

딥페이크 기술, 규제해야 한다	딥페이크 기술, 규제하면 안 된다
범죄에 악용될 소지가 있다.	지나친 규제는 과학 기술의 발전을 막는다.
가짜 뉴스 피해가 심각하다.	질병 진단, 영화 제작 활용 등 긍정적인 면도 있다.

유전자 복제·교정, 허용해야 할까?

"오, 이 강아지 정말 귀엽다."

민서는 승준이가 보는 강아지 영상을 가리켰다.

"응, 이 유튜버가 죽은 반려견이 그리워서 복제했대. 완전 귀엽지?"

"뭐라고? 죽은 개를 다시 살렸다니, 너무 끔찍하잖아."

민서는 눈을 찡그렸다.

"민서야, 이 개는 사체*를 살려 낸 게 아니라 유전자를 복제해서 새로 만들었어."

승준이는 솜뭉치처럼 동글동글한 강아지 영상을 다시 틀며 말했다.

사체 죽은 동물이나 사람의 몸.

"그래? 하지만 복제 개라니, 어쩐지 이상해."

"이상하다니, 이건 엄연히 멸종 동물도 살려 내는 첨단 기술이라고."

승준이는 기겁하는 민서에게 설명을 덧붙였다.

"멸종 동물을 살린다고? 그 얘기는 좀 신기하다."

민서는 영상 속 강아지를 찬찬히 들여다보았다. 까불거리는 모습이 보통 강아지와 똑같았다.

"유전자 복제로 죽은 개를 살리면 그 개는 좀비인가?"

도현이가 혀를 빼물고 귀신 흉내를 내자 친구들이 웃었다.

"좀비라니! 이렇게 귀여운 털 뭉치 좀비가 어딨어."

승준이는 장난치는 도현이를 옆으로 밀어냈다.

"그런데 멸종 동물을 살린다면 공룡도 살려 낼 수 있을까? 만약 공룡이 다시 살아난다면 너무 위험할 것 같아."

도현이가 진지한 표정으로 승준이에게 물었다.

"멸종 동물을 다 살릴 수는 없겠지. 하지만 꼭 필요한 동물은 살려 낼 수도 있다고 생각해."

"글쎄, 난 복제 인간이 나오는 영화는 너무 무섭더라. 사람을 도구처럼 쓰잖아."

도현이는 SF 영화를 떠올리며 몸을 떨었다.

"얘들아, 영화와 현실은 다르단다. 완전히 동떨어진 이야기는 아니지만 말이야."

교실에 들어온 오정의 선생님이 아이들을 둘러보았다.

"선생님, 그러면 언젠가는 SF 영화처럼 저와 똑같은 사람이 만들어질까요?"

도현이가 눈을 동그랗게 떴다.

"미래는 우리가 정하는 대로 결정된단다. 그럼 우리의 미래를 위해 다 같이 유전자 복제에 대해 좀 더 자세히 알아볼까?"

선생님은 알쏭달쏭한 말을 하며 자료를 화면에 띄웠다.

토론을 시작하기 전에!

유전자 복제·교정, 허용해야 한다

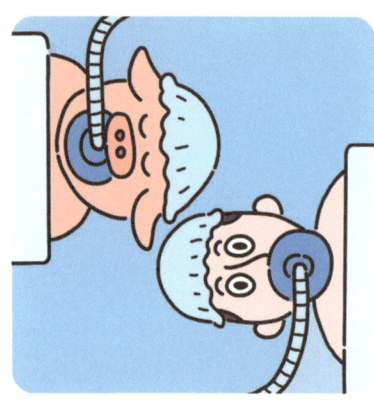

유전자를 조작한 돼지 심장을 사람에게 이식하는 수술이 미국에서 성공했습니다. 유전자 조작 동물의 장기를 사람에게 이식해 정상 작동을 확인한 첫 사례입니다. 수술을 집도한 박사는 "심장이 기대 이상으로 잘 작동하고 있다"고 말했습니다.

유전자 교정한 돼지 심장 이식 성공해

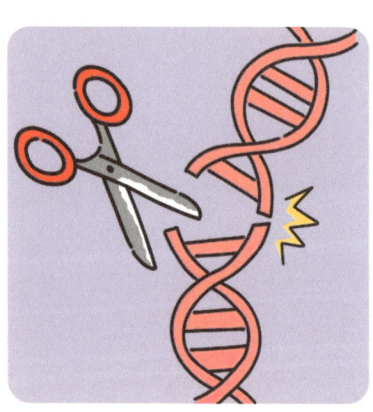

중국의 허젠쿠이 교수가 유전자 가위 기술로 아기가 태어났다고 발표했습니다. 일곱 쌍의 부모에게 배아˙를 얻어 유전자를 교정했고, 그중 한 부모가 에이즈 바이러스(HIV) 면역력을 가진 쌍둥이를 출산했습니다. 허젠쿠이 교수는 다른 부부도 임신에 성공했다고 밝혔습니다.

˙배아 생식 세포인 정자와 난자가 만나 결합한 수정란으로, 완전한 개체가 되기 전 단계.

유전자 교정으로 아기 태어나

국내에서 고관절 탈구를 일으키는 질환을 교정한 리트리버 강아지 두 마리를 만드는 데 성공했습니다. 유전자 교정으로 복제된 개의 탄생은 이번이 세계 최초입니다. 연구진은 "근친 교배로 인해 유전 질환이 많은 순종 견의 질병을 고치는 데 이 기술을 사용했다"고 설명했습니다.

국내 연구진 유전자 교정 개 복제 성공

유전자 복제·교정, 허용하면 안 된다

과학계는 비싼 유전자 교정 기술이 저소득층과 개발도상국에 대한 불평등을 심화할 것이라고 우려합니다. 유전자 정보 부족으로 특정 인종에만 적용될 수 있는 문제도 있습니다. 이완 버니 교수는 "유전자 교정 기술이 질병의 취약점을 '수정'하는 것이 아니라 신체 조건을 '개선'해 건강한 사람을 더 강하게 만들 뿐"이라고 경고했습니다.

불평등 문제 야기하기도

중국에서 유전자 교정 아기가 태어나자, 해외는 물론이고 중국 과학계까지 허젠쿠이 교수를 비판했습니다. 허젠쿠이 교수는 배아 400개를 실험 후 폐기했습니다. 일부 사람들은 배아의 유전자 교정 기술이 아직 불완전한데, 이를 사람에게 적용한 것은 무책임하다고 지적했습니다.

비윤리적 유전자 교정 실험 방식 논란

한 반려견 복제 업체가 동물 보호법을 위반하지 않았다는 결정을 받았습니다. 하지만 국민 10명 중 8명이 반려견 복제 금지에 찬성한다는 설문 결과가 나왔습니다. 동물 보호 단체들은 동물을 복제하는 과정이 생명 윤리에 어긋난다고 지적하며, 난자 채취와 대리모 역할을 할 동물의 희생이 반복된다고 주장했습니다.

복제 과정 겪는 동물들, 괜찮을까?

"와, 저는 유전자가 교정된 아기가 이미 태어난 줄 몰랐어요. 영화가 아니라 현실이네요."

몇 년 전 중국에서 태어난 유전자 교정 아기 뉴스를 본 도현이가 놀라워했다.

"저도 유전자 교정 아기 이야기는 처음 들어 봐요. 하지만 에이즈에 걸리지 않기 위해서였다면 괜찮다고 생각해요."

같은 뉴스를 보았지만 승준이는 도현이와 반대 의견을 말했다.

"박승준, 그 아기를 만든 과학자는 결국 감옥에 갔어. 완전 불법이라고."

"난 그 과학자를 감옥에 보내면 안 된다고 생각해. 인류를 위해 좋은 일을 했잖아."

"아기의 유전자를 교정했는데 좋은 일이라니!"

도현이가 흥분하여 자리에서 일어섰다.

"모두 진정하세요. 토론 중에는 차분하고 이성적인 태도를 유지하세요."

"네, 선생님."

오정의 선생님이 나무라자 도현이가 자리에 앉았다.

"사실 저는…… 시험관 시술로 세상에 태어났어요."

승준이가 머뭇거리며 친구들에게 말했다.

"맨 처음 영국에서 시험관 아기가 태어났을 때, 사람들은 신의 뜻을 거스르고 자연을 조작한다고 비난했대요. 만약 시험관 시술이 금지됐다면 저는 지금 이 교실에 없었을지도 몰라요. 지금은 시험관 시술이 흔해서 많은 아기가 그 기술로 태어나요."

아이들은 놀라운 이야기에 아무 대답도 못 했다.

"신기술이 생기면 사람들은 처음에는 거부감을 느껴요. 저는 유전자 교정 아기도 시험관 아기와 비슷하다고 생각해요. 아마 병을 일으키는 유전자 없이 태어난 아기는 훨씬 건강하게 자랄 거예요."

"1978년 시험관 아기가 탄생했을 때 전 세계적으로 논란이 일었던 건 사실이에요. 하지만 지금은 난임 부부들이 선택하는 일반적인 시술로 자리 잡았지요."

"저는 암을 일으키는 유전자 치료법 기사를 봤어요. 질병 치료를 위한 유전자 교정은 인류에게 꼭 필요해요. 그런데 우리나라는 규제가 심해서 연구가 적극적으로 이루어지기 어렵대요. 실질적으로 도움이 되는 연구를 진행하려면 임상 연구도 꼭 필요한데 말이에요. 만약 사람

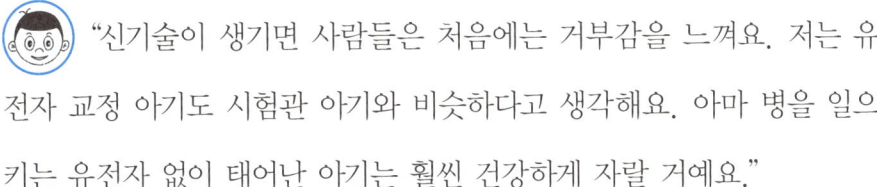

시험관 시술이란?

1978년 영국 북서부의 한 병원에서 세계 최초로 시험관을 통해 루이즈 브라운이라는 아기가 태어났어요. 시험관 아기 탄생을 두고 한편에서는 "세계 난임 부부들의 고민을 해결해 준 인류의 진보"라고 찬사를 보냈지만, 다른 쪽에서는 "자연의 섭리에 반하는 일"이라고 비난하기도 했죠. 로버트 에드워즈 박사는 난임 치료의 길을 연 공로를 인정받아 2010년 노벨 생리의학상을 수상했어요.
1985년 우리나라에서도 첫 시험관 아기가 태어났어요. 2015년 기준 전 세계에서 시험관 시술로 태어난 아기는 600만 명에 이르는 것으로 추정돼요.

이 태어나기 전에 유전자 가위로 암세포만 골라 싹둑 자르면 죽을 때까지 암에 걸리지 않을 거예요. 과학의 발달로 암 없는 세상이 온다면 얼마나 행복할까요? 난치병 환자들에게 희망을 주기 위해서라도 적극적인 임상 연구가 이루어져야 한다고 생각해요."

민서는 유전자 가위 기술 연구에 적극적으로 찬성했다.

 "유전자 가위? 설마 이런 가위로 유전자를 싹둑 자르나요?"

로희가 필통에서 가위를 꺼내 들었다.

 "하하, 유전자 가위는 쇠로 만든 가위가 아니라 DNA를 잘라 내

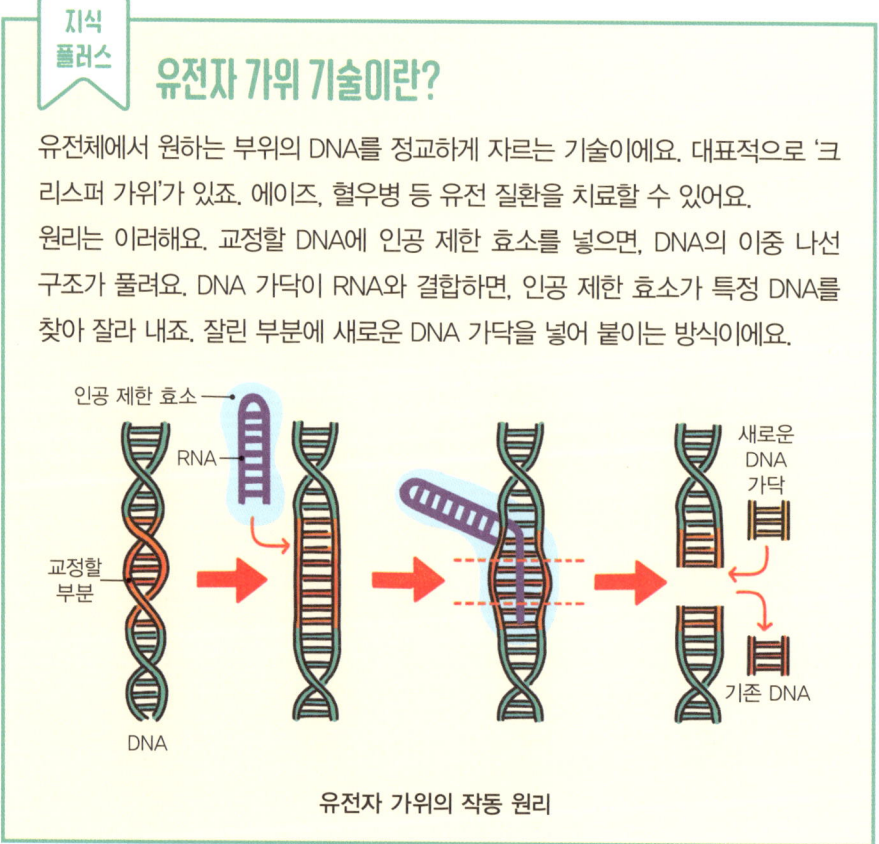

지식 플러스 | 유전자 가위 기술이란?

유전체에서 원하는 부위의 DNA를 정교하게 자르는 기술이에요. 대표적으로 '크리스퍼 가위'가 있죠. 에이즈, 혈우병 등 유전 질환을 치료할 수 있어요.
원리는 이러해요. 교정할 DNA에 인공 제한 효소를 넣으면, DNA의 이중 나선 구조가 풀려요. DNA 가닥이 RNA와 결합하면, 인공 제한 효소가 특정 DNA를 찾아 잘라 내죠. 잘린 부분에 새로운 DNA 가닥을 넣어 붙이는 방식이에요.

유전자 가위의 작동 원리

는 효소예요. 백혈병이나 암을 일으키는 질병 유전자를 가위로 자르듯 없애면 건강하게 살 수 있지요."

오정의 선생님이 싱긋 웃으며 대답했다. 이어서 로희가 반대 의견을 제시했다.

"인간은 로봇과 달라요. 로봇은 쓸모 있는 기능만 넣어 만들지만 사람은 아니에요. 각자 생김새가 다르고 생각도 달라요. 만약 모두가 완벽한 외모를 위해 성형해서 얼굴이 똑같아진다고 생각해 보세요. 누가 누구인지 어떻게 구별하겠어요? 공장에서 찍어 내는 로봇과 다를 게 없어요. 인간마다 갖고 있는 개성이 훼손되는 일이라고요."

로희는 목청을 가다듬고 말을 이었다.

"맞아요. 저도 있는 그대로의 친구들 모습이 좋아요. 모두가 은우처럼 잘생기면 진짜 재미없을 것 같아요."

승준이가 중얼거리자 아이들이 웃음을 터뜨렸다. 로희는 고개를 끄덕이며 의견을 덧붙였다.

"질병을 치료한다는 점에서 유전자 교정 기술은 유용할 수 있어요. 하지만 혜택을 받을 수 있는 사람이 돈 많은 사람뿐이라면요? 부자만 지금보다 더 건강해지고 똑똑해질 테죠. 가난한 사람은 뒤처질 수밖에 없어요. 불평등 문제가 심각해질 거예요."

"그렇지만 선생님이 보여 주신 뉴스처럼 유전자를 교정한 돼지 신장을 이식받는다면 많은 사람의 생명을 구할 수 있어요. 게다가 유전자 교정 기술로 만든 항암 치료제는 부작용이 적대요. 아픈 환자들을 살릴 수 있는 치료법 연구는 우리 사회에 꼭 필요해요."

민서가 로희의 의견에 반박했다. 몇몇 아이들이 고개를 끄덕였다.

"제 생각은 조금 달라요. 병을 고칠 수 있다고 해도, 유전자 교정 기술을 연구하는 과정에서 희생이 따른다는 점이 문제예요. 유전자 교정 기술 임상 실험에는 동물뿐만 아니라 사람도 실험체로 사용될 수 있는데, 그 과정에서 죽거나 병드는 생명은 어떡하나요? 저는 한 생명을 살리기 위해 다른 생명을 이용해서는 안 된다고 생각해요."

도현이는 큰 목소리로 또박또박 말했다.

"처음에는 유전자 교정으로 부모님이 100살을 넘어 200살까지 살면 좋겠다고 생각했어요. 만약 사람이 어떤 병도 걸리지 않게 되면 그건 인류의 새로운 진화일 테니까요. 그런데 토론을 하면 할수록 무엇이 정답인지 모르겠어요."

민서는 어지러운 머리를 두 손으로 감쌌다.

토론의 쟁점을 정리해 볼까요?

 승준 민서　　　　　　　　　　　　 도현 로희

유전자 복제·교정, 허용해야 한다	유전자 복제·교정, 허용하면 안 된다
암과 난치병 치료 등 인류를 위해 꼭 필요하다.	개인의 개성이 사라질지 모른다.
처음에는 거부감이 들어도 일상에 자리 잡으면 익숙해질 것이다.	실험 과정에서 많은 동물과 인간이 희생된다.
건강하고 오래 사는 일은 인류의 새로운 진화이다.	생명을 도구나 수단으로 여기는 사회가 될 수 있다.

백신 접종, 반드시 필요할까?

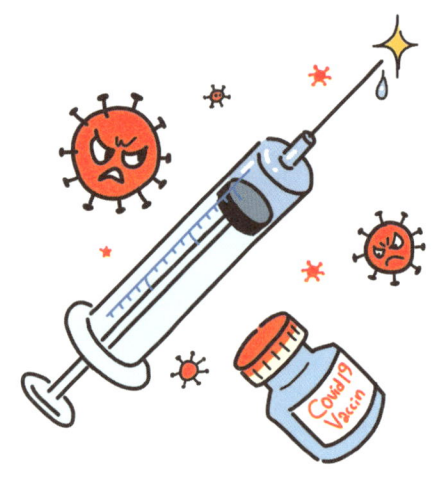

서연이는 지난주에 코로나19에 걸려 일주일 만에 학교에 나왔다.

"서연아, 너 다 나았어?"

동현이가 등교하는 서연이에게 다가갔다.

"응, 이제 괜찮아."

"다행이다. 그런데 너 코로나19 백신 접종 안 했어? 백신 맞았으면 안 걸렸을 텐데."

안경을 고쳐 쓴 동현이는 서연이를 물끄러미 보았다.

"백신 접종 무서워서 안 했더니 코로나19에 걸렸나 봐."

일주일 내내 고생한 서연이는 한숨을 푹 쉬었다.

"쯧쯧, 백신은 안전하냐? 차라리 코로나19에 걸리는 게 낫지."

현우가 옆에서 이야기를 듣다 혀를 찼다.

"안현우, 너야말로 무슨 소리야."

"백신 부작용이 얼마나 위험한데. 사망하는 사람도 있는걸."

현우는 발끈하는 동현이를 바라보며 말했다.

"코로나19 백신으로 사람이 죽었다고? 진짜야?"

"응, 유튜브에 나왔어. 백신 반대 운동까지 일어났다고."

현우는 자신만만한 표정을 지었다.

"진짜야?"

"사람이 죽었다고?"

충격적인 소식에 놀란 아이들이 웅성거리며 현우 곁으로 모여들었다.

"내가 유튜브에서 본 뉴스에서는……."

"안현우."

신나게 떠드는 현우 뒤로 오정의 선생님 목소리가 들렸다.

"유튜브에는 사실 확인이 안 된 가짜 뉴스도 있단다. 지금처럼 중요한 일을 이야기할 땐 꼭 사실을 확인해야 해."

선생님의 단호한 말투에 아이들이 입을 다물었다.

"생명과 연관된 주제이니 이번 기회에 정확하고 객관적인 자료를 살펴보자."

토론을 시작하기 전에!

백신 접종, 꼭 필요하다

예방접종피해보상 전문위원회에 따르면 2023년 12월까지 접수된 코로나19 예방 접종 피해 보상 신청은 9만 7,699건이며 백신과 사망의 인과성이 인정된 경우는 22건입니다. 국민건강보험 일산병원 연구팀은 "백신 접종군은 미접종군 대비 코로나19 감염 위험도가 27퍼센트 낮았고, 사망 위험도 또한 78퍼센트나 낮았다"고 밝혔습니다.

코로나19 백신 접종자 사망 위험 낮아

세계보건기구(WHO)는 지난 50년 동안 14개 백신이 전 세계 영아 사망률을 40퍼센트 줄였다고 발표했습니다. 특히 아프리카에서는 영아 사망률이 50퍼센트 이상 감소했습니다. 가장 크게 기여한 건 홍역 백신이었습니다. 세계보건기구는 소아마비 백신이 없었다면 2,000만 명 이상이 걷지 못했을 것으로 예상했습니다.

백신으로 50년간 1억 명 이상의 생명 구해

코로나19 확산 이후 백신과 관련한 가짜 뉴스, 음모론은 물론이고 반대 운동까지 퍼졌습니다. 홍역 백신을 거부하는 사례가 늘어 홍역 발생률도 증가했습니다. 월리스 박사는 "코로나19 이후 4년간 미국에서 홍역을 앓은 사람 중 90퍼센트 이상이 백신 미접종자였다"고 말했습니다.

가짜 뉴스로 백신 거부하는 사람 늘어

백신 접종, 꼭 필요하지 않다

호주 정부는 코로나19 백신을 맞지 않은 세계적인 테니스 선수 노바크 조코비치의 입국 비자를 취소했습니다. 조코비치는 "그 어떤 우승보다 내 몸이 더 중요하기 때문에 백신을 맞지 않았다"며, 백신 반대론자들의 지지를 받는 것에 대해 "모든 사람은 자신의 의견을 말할 권리가 있다"고 말했습니다.

유명 테니스 선수, 백신 미접종으로 대회 출전 거부당해

코로나19 백신 부작용 피해자와 가족들이 질병관리청을 항의 방문했습니다. 이들은 백신 접종 후 2,000명이 부작용으로 사망하고, 중증 이상 피해 신고자가 1만 9,000여 명에 이르지만, 정부는 백신 접종으로 인한 피해 구제에 소극적이라고 비판했습니다.

백신 피해자 가족, 질병청 항의 방문

정부가 코로나19 백신 피해 보상을 확대했지만 전문가들은 여전히 백신 접종과 부작용의 인과성을 인정하지 않아 근본적인 문제를 해결하지 못하고 있습니다. 피해 보상 규모만 늘렸을 뿐, 백신 접종과 부작용 간 객관적인 입증이 어려운 피해자들에 대해서는 여전히 인과성을 인정해 주지 않아 비판이 나오고 있습니다.

백신 피해 구제 소극적인 정부

"제가 본 뉴스보다는 적지만, 22명이나 코로나19 백신 부작용으로 사망했군요."

현우가 머뭇거리며 말했다. 유튜브에서 들은 숫자보다 훨씬 적어 민망한 눈치였다.

"전 코로나19 백신 때문에 사람이 죽은 줄 몰랐어요. 백신이 정말 위험할 수도 있네요."

서연이는 하얗게 질린 얼굴로 더듬거렸다.

"병에 걸리지 않으려고 백신을 맞았는데 오히려 위험해지면 안 되죠. 그러니까 백신 접종을 강요해서는 안 돼요."

현우는 턱을 치켜들고 주장했다.

"코로나19는 정말 위험한 전염병이에요. 지난 몇 년 동안 전 국민이 코로나19 때문에 힘들었어요. 2023년 세계보건기구의 발표에 따르면 전 세계적으로 코로나19로 사망한 사람이 700만 명을 넘어섰대요. 우리나라에서도 코로나19로 사망한 사람이 3만 5,000명 이상이에요. 백신 부작용으로 사망한 사람과 비교도 안 되는 수치요."

동현이는 코로나19 사망자 수를 정확히 짚으며 이야기했다.

출처: 감염병포털, 2024년

"700만 명이라니. 어마어마하다."

아이들도 생각보다 많은 수에 놀라는 눈치였다.

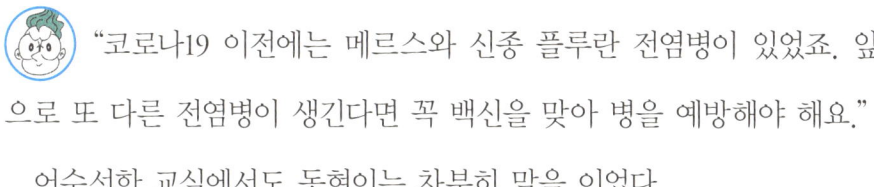 "코로나19 이전에는 메르스와 신종 플루란 전염병이 있었죠. 앞으로 또 다른 전염병이 생긴다면 꼭 백신을 맞아 병을 예방해야 해요."

어수선한 교실에서도 동현이는 차분히 말을 이었다.

"게다가 백신 접종은 나 혼자만의 문제가 아니에요. 내가 다른 사람에게 전염성 강한 바이러스를 옮기면 결국 사회에 해를 끼치는 일이 되기 때문이에요."

 "그건 너무 과한 결론이에요."

서연이가 고개를 저었다.

"백신을 맞아도 병을 100퍼센트 피하진 못해요. 저도 코로나19 백신을 맞았는데 코로나19에 걸렸어요. 완벽하게 예방하지 못하는데 부작용까지 감수하며 맞아야 하나요? 백신 접종을 할 때도 아팠는데 병

지식 플러스 — 백신이란?

사람이나 동물이 특정 질병을 이겨 낼 수 있도록 도와주는 약이에요. 약해진 균이나 균의 일부분을 몸에 넣어 면역 체계를 훈련시키는 원리지요. 이렇게 하면 나중에 강한 균이 들어왔을 때 우리 몸이 빠르게 대응할 수 있어요. 최초의 백신은 18세기 영국의 의학자 에드워드 제너가 천연두를 예방하기 위해 만들었어요. 19세기에는 프랑스의 의학자 루이스 파스퇴르가 백신을 모든 전염병에 사용할 수 있게 했답니다. 지금은 간염, 결핵, 홍역, 백일해 등 다양한 질병을 예방하기 위해 백신을 맞아요.

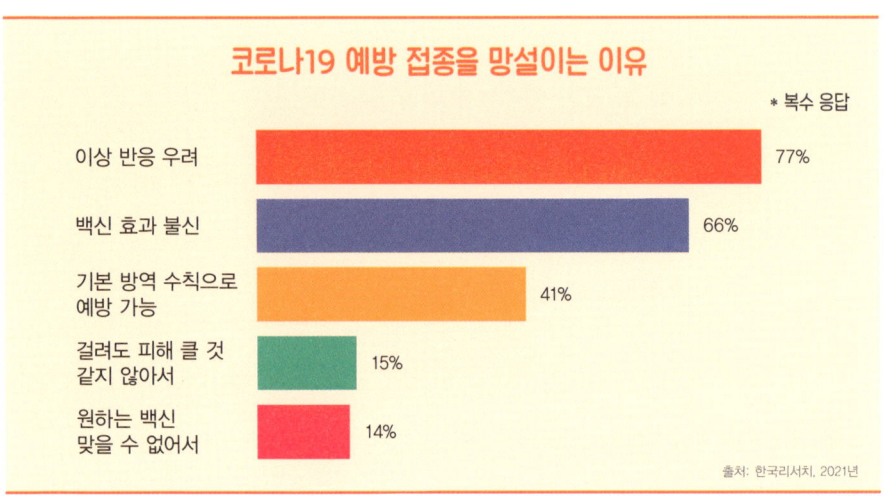

까지 걸려서 정말 억울했다고요. 저만 그렇게 생각하는 게 아니에요. 한 설문 조사를 보니 코로나19 백신 접종을 망설이는 이유로 '이상 반응을 우려해서'라고 답변한 사람이 가장 많았어요."

주사를 맞을 때가 떠올랐는지 서연이가 눈썹을 찡그렸다.

"저는 백신을 너무 강요하는 게 불편해요. 개인에게는 자유와 권리가 있으니, 백신 접종은 선택 사항 아닐까요? 누구도 부작용이 발생할 수 있는 백신을 맞으라고 강요해서는 안 돼요."

몇몇 아이들이 현우 말에 고개를 끄덕였다.

"맞아요. 국가가 개인에게 백신 접종을 강요할 수는 없어요. 대신 전염병 확산을 막기 위해 백신을 접종하지 않은 사람에 한해 다중 시설 이용을 제한하는 정책을 펼쳤어요."

"맞아요. 저희 가족은 해외여행을 가려고 했는데 백신을 안 맞으면 못 간다고 해서 여행을 포기했어요. 그때 미국은 코로나 백신 접종 증명서가 없으면 아예 입국이 안 된다고 했어요. 이런 정책은 개인의 권리를 지나치게 침해하는 거 아닐까요?"

서연이가 조심스럽게 입을 열었다.

"반대로 생각해 보세요. 만약 외국인이 한국에서 전염병을 퍼뜨리면 어떨까요? 전염성 강한 병의 백신을 거부한 사람을 입국시키지 않는 정책은 자국민을 보호하기 위한 당연한 조치예요."

동현이는 문제 없다는 표정을 지었다.

"이 세상에 부작용 없는 백신은 없어요. 백신을 거부하는 마음도 이해하지만, 많은 사람이 백신을 맞지 않으면 사회적으로 큰 문제가 일어날 수 있어요. 기사에서 봤듯이, 미국에서는 가짜 뉴스를 보고 백신을 거부하는 사람이 늘면서 홍역 환자가 급증했어요. 정부는 공공보

건 비상사태를 선포하고 강제로 백신을 맞게 할 수밖에 없었죠."

선생님은 미국과 유럽에 유행한 홍역 사건을 설명했다.

"맞아요. 세계보건기구에서 발표한 자료를 살펴보니, 백신을 거부해서 2023년에 전 세계적으로 홍역 환자가 28만 명 이상 발생했대요. 2022년과 비교하면 유럽에서 45.5배, 동남아시아에서 1.7배, 서태평양 지역에서 3.3배 늘었다고 해요."

"홍역 백신인 엠엠알(MMR)이 자폐를 유발한다는 가짜 뉴스가 퍼지면서, 미국에서 홍역 예방접종률이 현저히 떨어졌다고 해요. 영국 의학연구위원회가 홍역 백신과 자폐증 간 연관 관계를 찾는 연구를 진행했지만 연관성을 발견하지 못했어요."

"미국 같은 선진국에서 홍역이 유행하다니, 정말 의외네요."

선생님의 설명에 지훈이 눈이 둥그레졌다.

"저는 코로나19와 독감 예방 주사를 모두 맞았어요. 둘 다 나라에서 무료로 접종해 줬고요."

아이들은 또박또박 말하는 지훈이를 쳐다보았다.

"국가는 국민의 복지를 위해 예방 접종을 권해요. 만약 국민 다수가 백신을 거부해 동시에 병에 걸린다면 전국의 모든 병원이 마비될 거예요. 위급한 병으로 치료받는 다른 환자의 목숨도 위험해질 수 있죠."

지훈이는 예방 접종이 국가 차원에서 중요한 일이라고 강조했다.

"특히 우리나라처럼 인구 밀도가 높은 나라에서는 예방 주사가 최선이에요. 지하철이나 식당에 사람이 밀집해 있는 경우가 많아 전염

"인구 밀도 높으면 예방접종!"

위험이 높으니까요. 나 하나쯤 안 맞아도 괜찮다고 생각하다가 수많은 사람에게 바이러스를 퍼뜨릴지 몰라요."

"서지훈, 네 주장은 말이 안 돼. 예방접종을 해도 병에 걸리잖아. 코로나19에 두 번이나 걸린 사람도 있다고."

현우가 퉁명스럽게 대꾸했다.

"토론할 때는 예의를 갖추고 발언해야 해요."

"죄송합니다. 선생님."

현우가 뒷머리를 긁적였다.

"물론 백신만으로 전염병을 100퍼센트 예방할 수는 없겠죠. 현우가 공부했다고 단원 평가에서 무조건 만점 받는 게 아닌 것처럼요. 하지만 코로나19 백신은 90퍼센트 이상 효과가 있다고 하니, 맞는 게 더 낫지 않을까요?"

"너 치사하게 갑자기 내 성적 이야기 할래?"

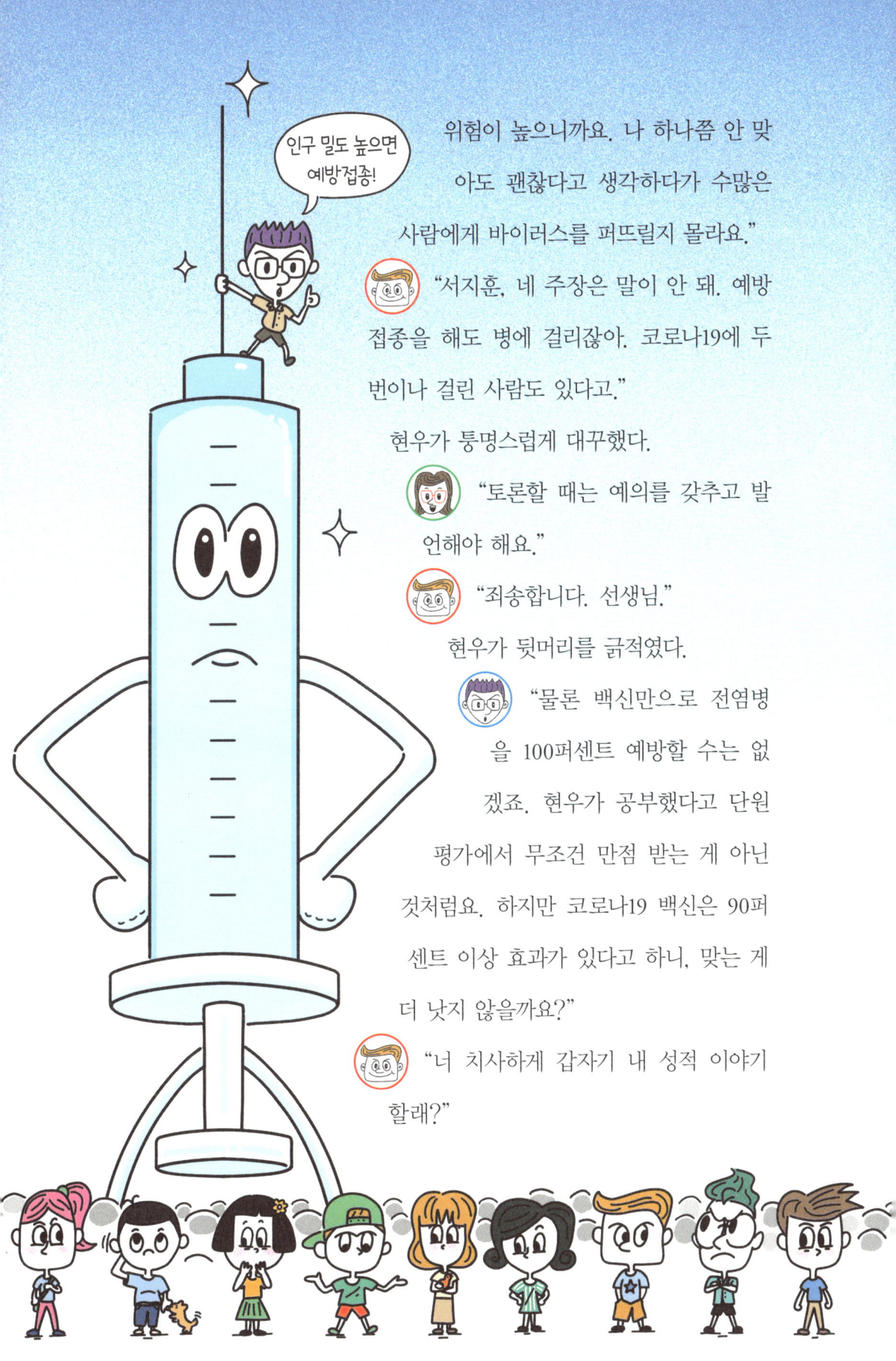

현우가 지훈이에게 꽥 소리쳤다.

"자자, 진정하세요. 지금까지 백신 접종의 의무와 개인의 자유에 대한 문제를 이야기해 봤어요. 중요한 문제이니 평소에도 고민해 보길 바라요."

토론의 쟁점을 정리해 볼까요?

 동현 지훈    현우 서연

백신 접종, 꼭 필요하다	백신 접종, 꼭 필요하지 않다
백신을 맞지 않으면 타인에게 위협이 될 수 있으며 사회 안전에 해를 끼친다.	백신을 맞아도 병을 100퍼센트 예방할 수 없다.
의료 체계 마비로 이어질 수 있다.	백신 부작용으로 사망한 사람이 적지 않다.
한정된 사회 비용 안에서 백신은 최선의 선택이다.	내 몸에 대한 권리는 나에게 있다.

원자력 에너지, 정말 필요할까?

"아으, 더워."

반팔을 입은 승준이가 이마의 땀을 닦았다.

"나도 더워. 5월인데 기온이 30도라니. 날씨가 정말 이상해."

민서가 공책으로 부채질했다. 때 이른 무더위에 반 전체가 땀을 뻘뻘 흘렸다.

"지구 온난화 때문에 여름이 점점 빨리 오나 봐. 지구가 망가지기 전에 내가 쪄 죽겠다."

승준이는 땀에 젖은 티셔츠를 펄렁거렸다.

"인터넷에서 봤는데 원자력 발전소는 온실가스 배출량이 다른 발전소에 비해 적대. 만약 전 세계의 발전소를 원자력으로 바꾸면 지구 온난

화를 막을 수 있지 않을까?"

민서가 눈을 빛내며 말했다.

"원자력이 얼마나 위험한데. 너 후쿠시마 원자력 발전소 사고 몰라?"

교탁 앞에 앉은 로희가 펄쩍 뛰었다.

"알지."

"안로희, 방사선만큼 지구 온난화도 무서워. 넌 기후 변화는 괜찮고 방사선만 겁나?"

승준이는 두 가지 문제가 모두 중요하다고 말했다.

"지구 온난화 문제가 심각하다는 건 나도 알아. 하지만 방사선에 오염된 생선 먹고 병에 걸리는 게 더 무서워!"

원자력 발전이 지구 온난화의 대안이야!

방사선이 얼마나 위험한데!

"그럼 생선을 안 먹으면 되잖아!"

로희가 지지 않고 소리치자 승준이도 자리에서 벌떡 일어섰다.

"오늘 날씨도 더운데 교실 안 토론 열기는 더 뜨겁구나."

오정의 선생님이 로희와 승준이 사이를 가로막았다.

"지구 온난화는 큰 문제야. 하지만 온실가스 위험을 낮추는 원자력 발전에도 분명한 단점이 있단다."

선생님은 진지하게 말을 이었다.

"감정적으로 싸우지 말고 객관적인 자료를 보면서 차분하게 토론해 보면 어떨까?"

토론을 시작하기 전에!

원자력 에너지, 필요하다

유럽의회가 천연가스와 원자력 발전을 '택소노미'에 포함하기로 했습니다. 택소노미는 환경에 이로운 산업을 정리한 체계로, 정부와 기업이 환경을 고려한 경제 활동을 할 때 참고하는 친환경 투자 기준입니다. 프랑스를 비롯한 찬성 국가는 "원자력은 2050년 탄소 중립 목표 달성에 중요한 자원"이라고 주장했습니다.

원자력 발전 친환경 투자 기준에 포함돼

정부는 2030년까지 온실가스 배출량을 40퍼센트 줄이기 위해 원자력과 재생에너지 사용을 늘릴 계획입니다. 원자력 발전은 석탄보다 온실가스를 훨씬 적게 배출하여 석탄을 대체할 수 있습니다. 실제로 원자력 발전은 온실가스를 석탄 발전보다 약 68배 적게 배출합니다.

온실가스 배출량 석탄보다 적어

프랑스는 과거 탈원전 정책을 철회하고 2022년에 14기의 신규 원전을 건설하며 원전 폐쇄를 중단할 계획을 발표했습니다. 마크롱 대통령은 저렴한 에너지를 안정적으로 확보하고 기후 변화에 대응하기 위해 원전의 역할을 강화할 방침입니다.

프랑스, 신규 원자력 발전소 건설 계획

원자력 에너지, 필요 없다

1986년 우크라이나 체르노빌 원전에서 원자로가 폭발한 지 38년이 흘렀습니다. 이 사고로 인근 지역에 사는 640만 명이 방사선에 노출됐고, 15만 500제곱킬로미터의 토양이 오염됐습니다. 25년 후, 방사선을 막기 위해 덮은 시멘트에 균열이 생겨 방사선이 새어 나왔습니다. 우크라이나 정부는 1조 5,000억 원을 들여 100년을 견딜 금속 덮개를 설치했습니다.

체르노빌 원자력 발전소 사고 여전히 문제

미국 국립보건원 국가암연구소에 따르면, 체르노빌 원자력 발전소 폭발 당시 방사선에 노출된 사람들은 큰 피해를 입었습니다. 대표적으로 갑상샘암이 있습니다. 많은 어린이가 방사성 아이오딘이 든 우유를 마셨고, 그 결과 갑상샘암 발병률이 원자력 발전소 폭발 전보다 33배 이상 증가했습니다.

방사선에 오염된 우유 먹고 갑상샘암 걸려

지금까지 대형 원자력 발전소 사고는 네 번 있었습니다. 1957년 영국 윈드스케일, 1979년 미국 스리마일, 1986년 우크라이나 체르노빌, 2011년 일본 후쿠시마 사고입니다. 약 16년마다 한 번씩 발생한 셈입니다. 이러한 대형 사고 위험과 원전 에너지 생산 비용 증가로 인해 원전을 늘려 탄소 배출을 줄이려는 계획이 현실적이지 않다는 지적이 나오고 있습니다.

위험성 높고 탄소 중립에도 도움 안 돼

"선생님, 그런데 저는 원자력 발전이 뭔지 잘 모르겠어요. 설마 발전소에서 진짜 원자 폭탄을 터뜨리는 건 아니죠?"

승준이가 머리를 긁적이자 아이들이 킥킥 웃었다.

"원자력 발전은 우라늄이라는 물질을 충돌시켜 나오는 에너지로 전력을 생산해요. 1945년 일본 히로시마와 나가사키에 떨어진 원자 폭탄에 들어 있는 물질도 우라늄이에요."

"어, 그럼 너무 위험하잖아요!"

몇몇 아이들은 눈이 둥그레졌다.

"걱정 말아요. 과학자들은 적은 양의 우라늄을 안전하게 활용하는 발전소를 세웠답니다. 현재 미국, 중국, 러시아, 캐나다, 영국 등 세계 여러 나라에서 원자력 발전을 잘 운영하고 있어요."

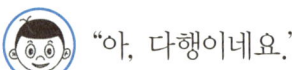"아, 다행이네요."

승준이는 손으로 가슴을 쓸어내렸다. 많은 나라에서 쓴다고 하니 안

각 나라의 원자로 수

미국 94기, 중국 56기, 프랑스 56기, 러시아 36기, 일본 33기, 한국 26기, 인도 23기, 캐나다 19기, 우크라이나 15기, 영국 9기

출처: 스태티스타, 2024년

심이 된 듯했다.

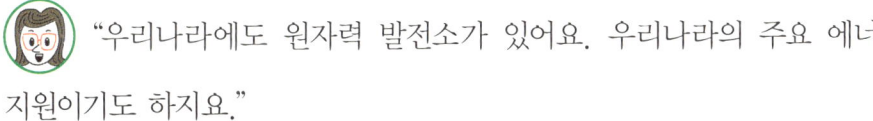
"우리나라에도 원자력 발전소가 있어요. 우리나라의 주요 에너지원이기도 하지요."

"전 세계가 기후 위기 문제로 고통받고 있어요. 프랑스가 원자력을 청정 에너지로 인정했듯이, 탄소 배출을 줄이기 위해 원자력 에너지가 꼭 필요해요.

민서는 원자력 발전소를 확대하는 프랑스 이야기를 꺼냈다.

"프랑스는 물론, 영국까지 새로운 원자력 발전소 건설 계획을 내놓은 건 바로 탄소 중립의 중요성 때문이에요. 온실가스 문제가 심각한 지금, 원자력 에너지가 가장 효과적이에요."

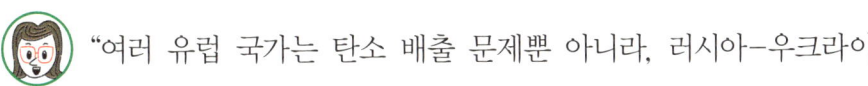
"여러 유럽 국가는 탄소 배출 문제뿐 아니라, 러시아-우크라이

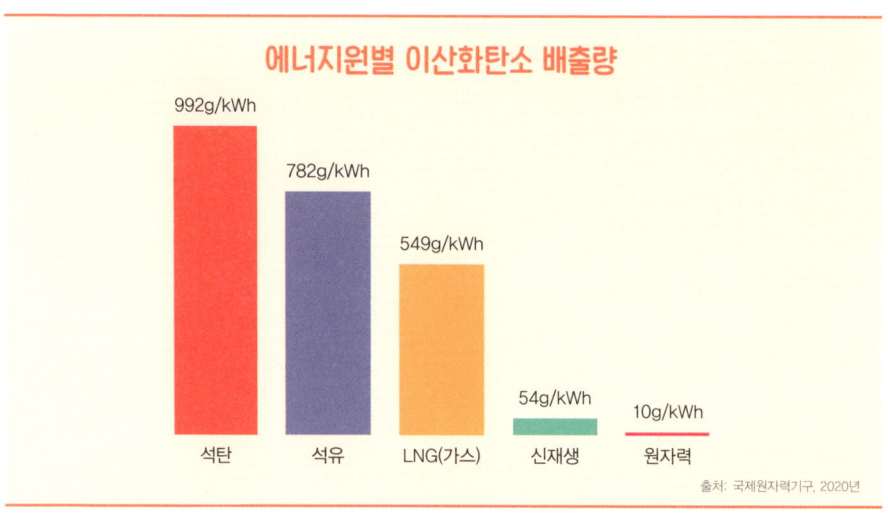

나 전쟁으로 치솟는 에너지 가격 때문에 원자력 발전소 건설을 고려하고 있어요."

오정의 선생님이 국제 정세를 설명했다.

"원자력은 지구 온난화를 유발하는 이산화탄소를 적게 배출하고, 전쟁이나 다른 이유로 석탄과 석유 같은 에너지 가격이 오를 때도 영향을 덜 받아요."

선생님은 원자력이 화석 에너지보다 가격이 안정적이라고 이야기했다.

"원자력 발전으로 탄소를 줄일 수는 있겠죠. 하지만 지나치게 위험해요."

로희가 고개를 저으며 말했다.

"후쿠시마 원자력 발전소 사고를 보세요. 10여 년이 지났지만 발전소 주변은 여전히 사람이 살지 못하는 유령 도시예요. 그런데 뉴스에서 우리나라 정부가 후쿠시마산 농산물 수입을 금지했지만, 후쿠시마산

가공식품은 계속 수입한다고 하더라고요."

로희는 불안한 표정으로 오래전 후쿠시마 원자력 발전소 사고를 언급했다.

"원자력 발전소 사고는 이번이 처음이 아니에요. 우리가 태어나기 훨씬 전인 1986년, 우크라이나의 체르노빌 원자력 발전소에서도 사고가 일어났어요. 지금도 그곳은 죽음의 땅이에요. 러시아-우크라이나 전쟁 때 체르노빌을 침략한 러시아도 방사선을 견디지 못하고 군대를 철수했어요. 사고 후 오랜 시간이 흘렀어도 방사선은 여전히 위험해요."

"으, 끔찍해."

아이들은 로희의 말에 공감하며 얼굴을 찡그렸다.

"저도 방사선이 걱정되지만 빙하가 사라지는 게 훨씬 더 무서워

| 지식 플러스 | **후쿠시마 원자력 발전소 사고** |

2011년 3월, 일본 동북부 지방에서 대지진과 해일이 일어나 후쿠시마 제1 원자력 발전소에서 방사선 누출 사고가 발생했어요. 발전소가 침수되고 전원과 냉각 시스템이 고장 나면서 다량의 방사성 물질이 새어 나왔어요. 일본 정부는 4월 12일 이 사고를 레벨 7 수준으로 발표했는데, 이는 1986년 체르노빌 원자력 발전소 사고와 같은 등급이에요.

사고 이후 원자력 발전소에서 나온 방사성 물질 때문에 급성 백혈병 환자가 급격히 늘어났고, 후쿠시마 반경 30킬로미터 지역은 사람이 살기 힘든 곳이 되었어요. 2012년 후쿠시마 인근 바다에서 잡힌 물고기를 조사했더니, 일본 정부가 정한 기준치의 2,540배에 달하는 방사성 세슘이 검출되었어요. 현재 일본은 원자력 발전소의 오염수를 바다에 방류하고 있어요.

요. 이대로 지구가 뜨거워져서 빙하가 다 녹으면 사람이 살 땅조차 사라질 거예요."

민서는 기후 위기의 심각성을 언급했다.

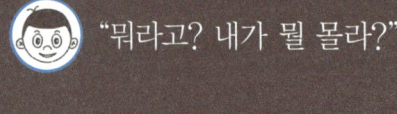 "날로 높아지는 지구의 기온을 낮추는 것보다 급한 일은 없어요. 당장 온실가스를 줄이지 않으면 북극곰이 멸종될지 몰라요."

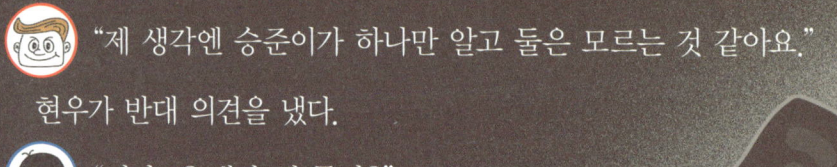 "원자력 발전의 장점은 하나가 아니에요. 온실가스 배출량을 줄일 수 있고 다른 친환경 에너지보다 비용도 저렴하지요."

승준이가 재빨리 끼어들었다.

"적은 비용으로 많은 에너지를 만들고 환경 오염도 막는 원자력 에너지보다 좋은 에너지가 또 있을까요?"

승준이는 교실을 둘러보며 친구들에게 동의를 구했다.

"제 생각엔 승준이가 하나만 알고 둘은 모르는 것 같아요."

현우가 반대 의견을 냈다.

"뭐라고? 내가 뭘 몰라?"

"원자력 발전소를 운영하는 비용이 저렴한 건 맞아요. 하지만 발전 후 생기는 핵폐기물을 처리하는 비용은 결코 적지 않아요."

"핵폐기물?"

따져 묻던 승준이가 낯선 단어에 눈을 껌벅였다.

"핵폐기물은 자연적으로 분해되는 데 수만 년에서 수십만 년이 걸려요. 그동안 안전하게 관리하지 않으면 방사선이 누출돼 후쿠시마나 체르노빌 원자력 발전소에서 일어난 사고처럼 무시무시한 결과를 가져올 수 있어요."

"맞아요. 사람이 방사선에 노출되면 구토나 설사 같은 증상이 나타날 수 있어요. 심한 경우에는 암이 생기거나 목숨을 잃을 수도 있어서 조심해야 해요."

선생님의 이야기에 아이들의 표정이 심각해졌다. 현우는 진지하게 말을 이어 갔다.

"발전 후 생긴 핵폐기물을 오랜 기간 보관하는 시간과 비용을

지식 플러스 핵폐기물이란?

핵무기를 실험하고 핵발전소를 운영할 때 배출되는 폐기물이에요. 방사성 물질이어서 인간의 건강에 치명적이지요. 방사성 물질은 화학적으로 없앨 수 없어, 자연적으로 사라지기를 기다려야 해요. 하지만 핵폐기물이 분해되려면 수십만 년에서 수백만 년이 걸리지요. 대부분의 국가는 핵폐기물을 밀봉해 땅속 깊이 매장하지만, 이것도 완벽한 방법은 아니에요.

계산하면 원자력 발전이 경제적인지 잘 모르겠어요. 게다가 수명이 다한 발전소를 폐쇄하는 일도 아주 복잡하대요."

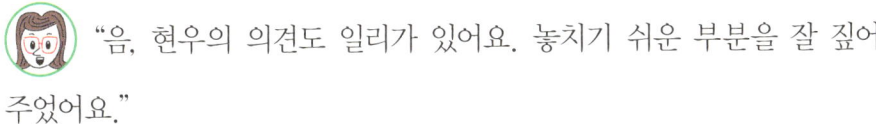 "음, 현우의 의견도 일리가 있어요. 놓치기 쉬운 부분을 잘 짚어 주었어요."

선생님은 현우의 의견을 칭찬했다.

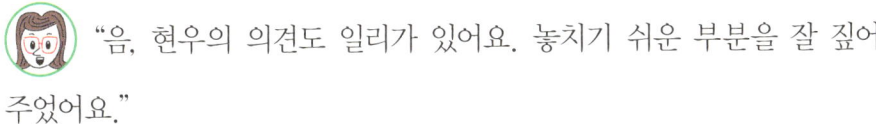 "원자력 발전 역사는 그리 오래되지 않았어요. 당연히 핵폐기물을 관리한 기간도 짧아 우리 후대에 비용이 얼마나 들지는 아직 알 수 없지요."

"그렇구나."

선생님이 설명을 마치자 아이들이 고개를 끄덕였다.

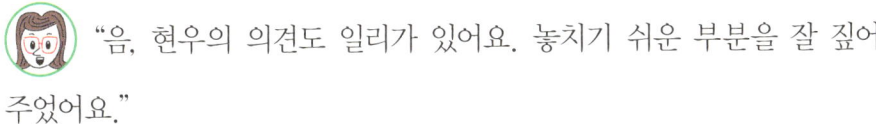 "우리 삶과 각별하게 연결된 문제이니, 이 시간 이후에도 깊이 고민해 보면 좋겠어요."

"네!"

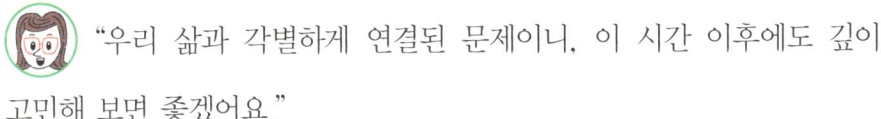

 민서 승준  로희 현우

원자력 에너지, 필요하다	원자력 에너지, 필요 없다
기후 위기를 해결하는 데 도움이 된다.	원전 사고가 일어나면 방사성 물질이 심각한 피해를 준다.
여러 나라에서 친환경 에너지로 인정했다.	핵폐기물을 처리하는 과정이 복잡하고 비싸다.

우주 개발 예산, 확대해야 할까?

"너희도 어제 우주 쓰레기 떨어진다는 재난 문자 받았지?"

서연이가 큰 눈을 동그랗게 뜨고 친구들을 쳐다봤다.

"나도 받았어. 고장 난 인공위성이 한국에 떨어진대서 깜짝 놀랐어."

지훈이가 곧장 대답했다.

"난 무서워서 집에서 계속 창밖만 바라봤어. 아무 일도 일어나지 않아 다행이지만 다음에 또 그런 일이 생기면 어떡해."

서연이가 가슴을 쓸어내리며 울상을 지었다.

"그깟 쓰레기 하나로 뭘 그러냐."

동현이가 콧방귀를 끼었다.

"최동현, 우주 쓰레기가 얼마나 많은 줄 알아? 뉴스에서 지구 주변에 고장 난 인공위성이 엄청 많다고 했어. 위험한 물체가 언제 하늘에서 떨어질지 모른대."

"걱정하지 마. 우주를 개발하다 보면 그럴 수도 있지. 대기권으로 들어온 소행성이나 고장 난 위성은 대부분 불타서 사라지거나 바다에 떨어진다고."

동현이가 대수롭지 않다는 듯 말했다.

"최동현, 너 슈퍼 히어로야? 너도 인공 위성 맞으면 다칠 텐데 왜 혼자 잘난 척이야!"

"아휴, 답답해. 진짜 말이 안 통하네."

서연이가 큰 소리를 내자 동현이가 귀를 막는 시늉을 했다.

"다들 하마터면 한반도에 떨어질 뻔한 우주 쓰레기 때문에 놀랐지?"

"네, 선생님."

오정의 선생님이 교실에 도착하자 아이들이 한목소리로 대답했다.

"우주 개발에 사용된 대부분의 인공위성과 우주선이 지구 주변을 맴돌고 있어. 또 다른 인공위성이 언제든 우리나라에 떨어질 수 있지."

선생님은 우주 개발에 관한 자료를 열었다.

"최근 우주 개발이 활발해지면서 이에 대한 예산을 늘려야 한다는 주장이 나오고 있어. 그러나 우주 개발에는 장단점이 있단다. 모두 함께 우주 개발 예산을 늘리는 게 바람직한지 토론해 보자."

토론을 시작하기 전에!

우주 개발 예산, 확대해야 한다

우리나라의 우주 개발 상황은 세계 기준을 따라잡으려면 갈 길이 멀다는 분석이 있습니다. 우리나라는 우주 개발 업무를 과학기술정보통신부가 담당해 왔던 반면, 미국, 영국, 프랑스 등 주요 국가들은 독립된 행정 조직을 운영합니다. 국가과학기술지식정보서비스에서도 미국의 기술 수준을 100으로 볼 때 중국(89), 일본(86), 한국(60) 순으로 평가됐습니다.

우리나라, 우주 개발 세계 기준에 못 미쳐

우리나라 우주 개발은 정부 예산과 전문 인력 측면에서도 부족하다는 지적입니다. 2020년 우주 개발 예산은 7억 2,000만 달러로, 국내 총생산 대비 0.04퍼센트에 불과해 주요 국가와 비교하면 최저 수준입니다. 우주 개발 담당 기관인 한국항공우주연구원의 예산(4억 8,000만 달러)과 인력 규모(약 1,000명)도 하위권입니다.

예산, 인력 부족해

우리나라가 2024년 5월, 우주항공청을 출범하며 우주 산업 경쟁에 본격적으로 나섰습니다. 우주항공청은 정부 계획에 따라 2027년까지 연간 1조 5,000억 원을 투자해 2045년까지 화성 탐사와 우주 산업 비중을 1퍼센트에서 10퍼센트로 늘리도록 도울 계획입니다. 한편 전문가들은 국내 박사 학위 소지자가 1,853명에 불과해 우주항공청의 인력 확보가 어려울 것으로 보았습니다.

우주항공청 개청

우주 개발 예산, 확대할 필요 없다

2023년 과학기술정보통신부는 지구로 추락하던 미국 인공위성 잔해물이 한반도 권역을 지나갈 것으로 예상했습니다. 각 정부 부처는 우주위험대책본부를 소집해 대응책을 논의하고, 국민들에게 재난 문자를 발송했습니다. 다행히 이 위성은 한반도 상공을 지나 미국 알래스카 인근 바다에 떨어졌습니다.

우주 쓰레기, 한반도에 떨어질 뻔

2023년 미국 인공위성이 한반도 인근에 추락할 가능성이 제기되면서 인천국제공항을 비롯한 전국 공항에서 항공기 이륙이 일시 중단되었습니다. 과학기술정보통신부는 "추락 위성은 대기권에 진입하면 마찰열로 대부분 소실되지만, 일부 잔해물이 넓은 범위에 낙하할 수 있다"고 설명했습니다.

항공기 이륙 금지

미국항공우주국(NASA)의 보고에 따르면 약 9,000톤의 우주 쓰레기가 400~1,000킬로미터 지구 저궤도에 있습니다. 한국천문연구원에 따르면 현재 작동 중인 인공위성은 7,178기, 고장 나거나 임무가 끝난 인공위성은 2,964기입니다. 수명을 다한 인공위성은 우주 쓰레기가 되어 지구 주변을 맴돌다 정상 인공위성을 망가뜨리거나 지구로 추락합니다.

지구를 위협하는 우주 쓰레기만 9,000톤

"인류는 지구를 개발하며 오염시켰어요. 이제는 우주까지 쓰레기로 망치고 있어요."

기사를 보고 서연이가 입을 열었다.

"우리는 아직 우주에 살지도 않는데, 저렇게 쓰레기가 많아요. 여러 나라에서 위성을 쏘아 올리기만 하고 치우지 않아서죠. 게다가 이 쓰레기는 지구인의 안전을 위협해요. 그러니 우주 개발보다 지구를 둘러싼 쓰레기를 치우는 게 먼저예요."

"서연이의 의견 잘 들었어요. 우주 개발에 찬성하는 의견도 들어 볼까요?"

선생님이 교실을 둘러보자 동현이가 손을 번쩍 들었다.

"저는 누리호 발사 순간이 아직도 기억나요. 우주로 올라가는 로켓을 볼 때 엄청 떨렸어요."

동현이는 누리호 발사 성공을 떠올리며 눈을 반짝였다.

"우리나라도 얼른 미국과 중국의 우주 기술을 따라잡으면 좋겠어요. 어른이 되면 우리나라 우주선으로 달나라 여행을 가고 싶어요. 너희들도 우주여행 가고 싶지?"

"응, 나도."

지구 바깥의 우주가 궁금한 몇몇 아이들이 동현이의 의견에 고개를 끄덕였다.

"국가우주정책연구센터의 조사에 따르면, 동현이처럼 우주가 미래 국가 발전에 중요하다고 대답한 사람이 89.6퍼센트나 되었다고 해요. 우주 개발 예산을 늘려야 한다고 대답한 사람도 81.9퍼센트였지요."

"우주 개발은 발사체, 위성, 우주 탐사 세 분야로 나뉘는데 우리나라는 2022년에 독자 기술로 우주 개발을 시작했어요. 미국, 러시아,

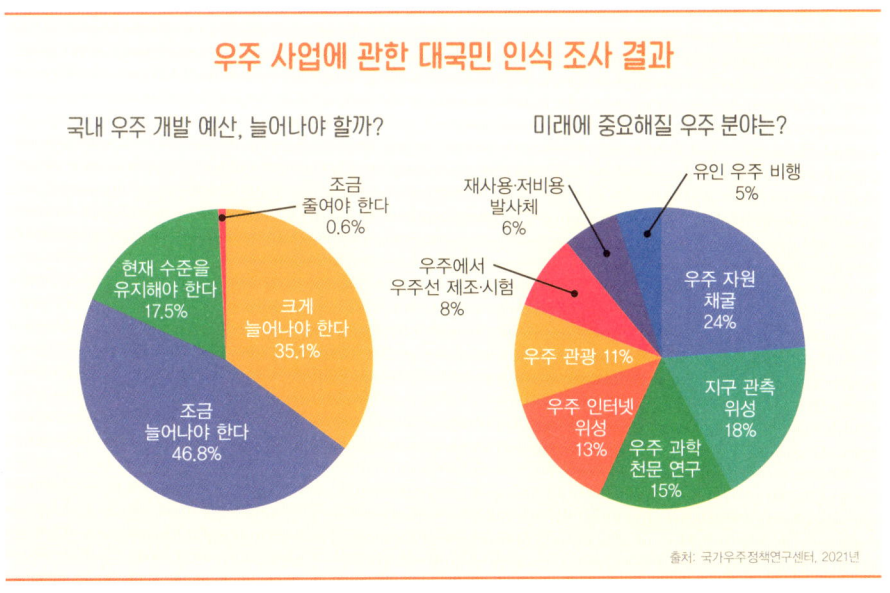

중국, 인도 등 다른 나라보다 우주 산업에서 많이 뒤처졌지요. 우주 쓰레기 때문에 우주 개발을 늦추거나 금지하면 안 돼요."

동현이는 또박또박 자신의 의견을 펼쳤다.

"러시아가 주춤하는 사이, 바로 옆 나라인 중국이 미국과 우주에서 경쟁하고 있어요. 우리도 망설일 시간이 없어요."

"저는 우주 개발 대신 다른 곳에 국가 예산을 투자해야 한다고 생각해요."

천천히 입을 연 지훈이에게 아이들의 시선이 모여들었다.

"우리나라가 우주 개발에 투자하는 예산은 2024년만 해도 9,923억 원이에요. 몇 년 후엔 이 금액보다 더 늘어날 예정이지요."

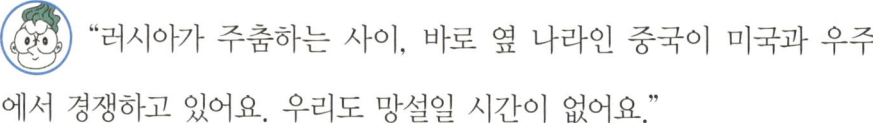

지식 플러스 — 미국과 중국의 우주 쟁탈전

미국과 중국은 우주를 두고 경쟁하는 대표적인 나라예요. 중국은 '톈궁'이라는 독자 우주 정거장을 완성했고, 미국은 우주 로켓 발사 신기록을 세우며 우주여행의 꿈에 한 걸음 더 가까워졌어요.

중국은 3명의 우주 비행사를 태운 '선저우 15호'를 '청정 2F' 로켓에 실어 발사했어요. 선저우 15호는 톈궁에 도착해 우주 정거장 중심 모듈인 '톈허'에 성공적으로 도킹*했지요. 우주 정거장 건설은 2021년에 시작된 톈허 발사 이후 1년 7개월 만에 모두 끝났어요.

미국은 민간 우주 기업 '스페이스X'가 주도하여 우주 발사체 '팰컨'을 발사해 왔어요. 2022년 한 해 동안 총 61회를 발사했지요. 2023년 기준으로 스페이스X는 통신용 위성 3,300개를 우주에 띄웠어요. 스페이스X 외에도 다른 민간 기업들이 2022년에만 로켓을 17번 발사했어요.

도킹 우주선이 다른 우주선이나 우주 정거장에 안전하게 연결되는 과정.

지훈이는 정부 예산을 이야기했다.

"우주 개발보다는 지구 온난화를 막는 탄소 중립, 결식아동 지원과 노인 복지 등 당장 필요한 곳에 국가 예산을 써야 한다고 생각해요. 미래를 위한 우주 개발보다 지금 어려움을 겪는 사람을 돕는 일이 우선이에요."

"저도 지훈이 의견에 찬성해요. 우주 개발보다 장애인과 어린이 등 사회적 약자에 대한 배려가 더 중요해요. 솔직히 우리나라가 달나라에 우주선을 쏘아도 우리 삶에는 아무 변화가 없어요. 9,923억의 예산을 국민 복지에 쓴다면 당장 밥을 굶는 아이들이 사라질 거예요."

서연이와 지훈이가 마주 보며 고개를 끄덕였다.

"하지만 우주 산업은 세금을 낭비하는 일이 아니에요. 오히려 경제적 가치를 창출하는 투자예요. 우리가 미국처럼 민간 우주선을 발사하면 우주 관광객을 유치할 수 있어요. 또 인공위성의 통신 주파수를 빌려주면 꾸준히 수입이 생겨요. 더구나 우리나라가 우주 개발에 쓰는 예산은 다른 나라와 비교해 보면 많은 편도 아니에요."

동현이는 국가별 우주 개발 예산 그래프를 보여 주며 우주 개발이야말로 미래를 위해 꼭 필요한 투자라고 말했다.

"맞아요. 우주 개발은 단순한 기술 개발이 아니에요. 우리나라의 안보와 외교에도 중요해요."

나은이가 자신의 의견을 밝혔다.

"우주선 발사는 핵미사일 발사 기술과 비슷해요. 즉 우리나라도

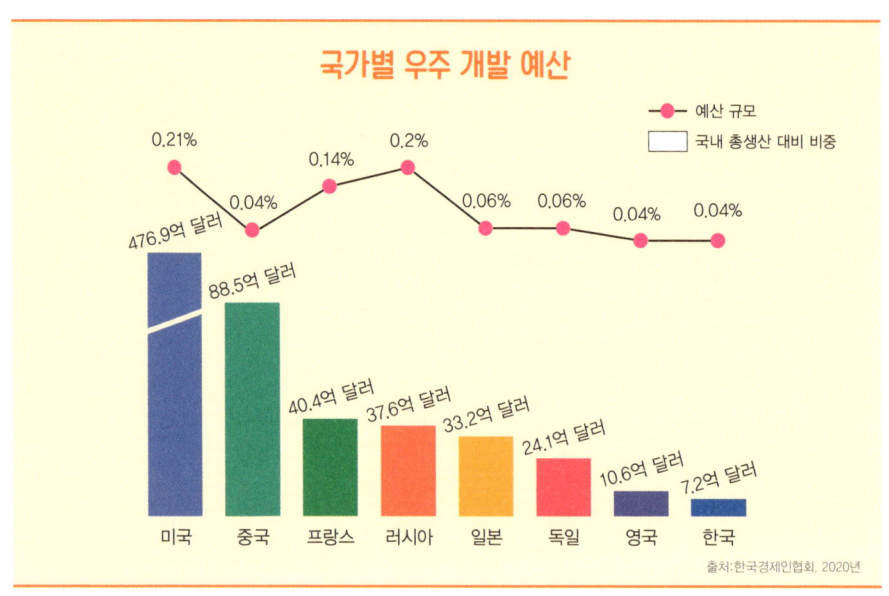

핵무기를 가진 나라와 위상이 비슷해진다는 뜻이죠."

나은이 말에 아이들이 귀를 기울였다.

"핵무기를 가진 나라는 국제적인 힘을 지녀요. 만약 우리가 우주 개발에 앞선다면 다른 선진국과 어깨를 나란히 하는 강대국이 될 수 있어요. 강한 무기를 가지면 아직 전쟁이 끝나지 않았다는 불안도 줄어들 거예요."

"맞아요. 우리가 북한보다 훌륭한 미사일을 가진다면 정말 좋을 것 같아요."

동현이는 나은이 말에 자신의 의견을 덧붙였다.

"우주 개발 예산은 과학뿐 아니라 국방, 외교 등 여러 분야에 걸친 투자라고 봐야 해요. 국민에게 꼭 필요한 비용이 맞아요."

나은이가 단호한 어조로 말했다.

"우주선이 무기로 쓰일 수 있다니 더 반대해요. 우주를 개발할수록 무기가 발달하니 오히려 전쟁 위험이 높아질 것 같아요. 핵무기가 생긴 뒤로 지구가 더 불안해졌잖아요."

지훈이는 격양된 어조로 말했다.

"전 세계는 인류의 평화를 지키기 위해 노력해야 해요. 전쟁을 멈추고 기후 문제와 식량 문제, 기아로 고통받는 사람을 먼저 도와야 해요."

"우리나라는 최근에야 우주항공청을 설립했어요. 우주 개발이 더 늦어지면 이 분야에서 소외될지도 몰라요."

동현이가 두 손을 내저으며 반박했다.

"무분별한 우주 개발로 우주 쓰레기라는 환경 문제가 생기고 있는데도요?"

지식 플러스 — 우주 쓰레기 현황

미국항공우주국과 한국천문연구원에 따르면, 레이더로 추적할 수 있는 지름 10센티미터 이상의 우주 물체는 약 2만 9,000개라고 해요. 그중 매년 400개 이상의 대형 인공위성과 발사체가 추락하고 있어요. 무게 1톤 이상의 큰 우주 물체는 대기권 마찰로 완전히 타지 못하고 잔해 중 20~40퍼센트가 지구에 추락해서 위험해요.

미국항공우주국은 "대부분의 위성은 대기권을 통과하면서 마찰로 타지만, 일부 잔해는 지구에 떨어질 수 있다"며 "사람에게 피해를 줄 확률은 9,400분의 1"이라고 말했어요. 문제는 우주 쓰레기가 총알보다 빠른 속도로 날아다니며, 다른 인공위성과 충돌할 수 있다는 사실이에요.

지훈이가 우주 개발의 문제점을 다시 한번 짚었다.

"우리나라만 멈춘다고 미국과 중국이 개발을 그만둘까요? 전혀 그렇지 않아요. 우리보다 훨씬 많은 금액을 우주에 투자하는 나라가 얼마나 많은데요. 우리가 머뭇거리면 우주 개발에 뒤처질 뿐입니다."

팽팽하게 맞선 아이들은 서로의 의견을 굽히지 않았다.

"동현이가 이야기했듯이 우리나라도 2024년 5월, 우주항공청을 개청했어요. 그간 정부 주도로 진행해 오던 우주 산업을 세계적 추세에 맞게 민간 기업이 운영할 수 있도록 돕고, 연구 개발을 지원할 예정이에요. 국가 예산은 중요한 문제예요. 우리 함께 고민해 봐요."

토론의 쟁점을 정리해 볼까요?

동현 나은　　　　　　　　　　　　　　서연 지훈

우주 개발 예산, 확대해야 한다	우주 개발 예산, 확대할 필요 없다
우주 산업은 경제 가치가 높고, 우주 개발을 해야 과학, 국방, 외교 등 여러 분야에서 국제 경쟁력을 키울 수 있다.	무분별한 우주 개발은 우주 쓰레기 같은 부작용을 초래한다.
현재 우리나라는 다른 나라에 비해 우주 개발에서 이미 뒤처져 있다.	국민의 행복을 위해 보다 시급한 분야에 예산을 편성해야 한다.

AI로 만든 창작물, 저작권이 있을까?

"이 그림 어때?"

나은이는 신비로운 우주 속에 소녀가 서 있는 그림을 꺼냈다. 한 눈에 봐도 멋진 작품이었다.

"새로 나온 영화 포스터야? 분위기 멋지다."

로희가 눈을 반짝이며 그림을 보았다. 보라색 배경의 그림은 판타지 영화의 한 장면처럼 보였다.

"아니, 내가 그렸어."

"말도 안 돼. 네가 어떻게 이런 그림을 그려?"

나은이의 그림은 초등학생이 그렸다기엔 수준이 너무 높아서, 로희는 나은이의 말을 믿지 못했다.

"내 그림 맞아. 내가 어제 AI로 그렸단 말이야."

"에이, 그럴 줄 알았어. 어쩐지 너무 잘 그렸더라."

정교한 그림을 보고 눈이 둥그레졌던 지훈이가 끼어들었다.

"서지훈, 내가 키워드 넣어서 완성했으니까 내 그림이야. 요새는 다 이렇게 그린다고."

"글자 몇 개 쓴 걸로 네가 그렸다고? 결국 AI가 그린 거잖아."

나은이와 지훈이가 티격태격 말싸움을 시작했다.

"AI는 내가 입력한 대로만 작품을 만들어. 만약 내가 키워드를 조합하지 않았다면 이 작품은 세상에 나오지 못했을 거야."

화가 났는지 나은이가 입술을 꼭 깨물었다.

"야, 네 말대로라면 세상 모든 사람이 다 화가가 됐겠다."

"정말 AI는 내가 시킨 대로만 그렸으니 내가 틀린 말 한 건 아니잖아?"

나은이는 얄밉게 대답하는 지훈이에게 계속 따졌다.

"그림이 퍽 멋지구나."

뒤에서 다가온 오정의 선생님이 나은이의 그림을 들고 싱긋 웃었다.

"선생님, 정말 멋져요?"

나은이가 기대하는 목소리로 물었다.

"멋지긴 하지만, 이 그림이 정말 누구의 것인지는 잘 따져 봐야 해. 이 문제는 우리 반뿐 아니라 전 세계에서 논란이 되고 있단다."

토론을 시작하기 전에!

AI 창작물, 저작권 인정해야 한다

2022년 콜로라도 주립 박람회 미술대회에서 디지털 아트 부문 1위를 차지한 <스페이스 오페라 극장>이 AI 이미지 생성기 '미드저니'를 이용한 작품으로 밝혀져 논란입니다. 콜로라도 농무부는 "심사위원들이 AI 사용 사실을 몰랐지만, 알았어도 이 작품이 우승했을 것"이라고 밝혔습니다.

AI가 만든 미술품, 대회에서 1위

생성형 AI 기술이 빠르게 성장하며 다양한 산업에 적용되고 있습니다. 검색, 문서 작업뿐만 아니라 사진, 영상 창작, 음성 분석에도 활용됩니다. AI 작곡가가 음악을 작곡하고, AI가 쓴 시집이 발표되며, 일본에서는 AI가 쓴 단편소설이 신인상을, 영국에서는 AI가 쓴 시나리오로 제작한 영화가 영화제에서 상위 10위 안에 들었습니다.

AI 기술, 활용 분야 점점 늘어나

생성형 AI를 활용하면 누구나 쉽고 빠르게 창작하고 작업할 수 있습니다. 프로그램에 단어 몇 개만 입력하면 근사한 작품이 나옵니다. 전문가들은 감독, 작가 주도로 작품을 만들어 오던 시장이 완전히 바뀌어 누구나 작품을 창작할 수 있을 것으로 예측했습니다.

누구나 작품 만드는 시대 올 것

AI 창작물, 저작권 인정하면 안 된다

2022년 한국음악저작권협회는 한 가수의 노래를 AI가 작곡한 사실이 밝혀지자 저작권료 지급을 중단했습니다. 현행 저작권법은 AI를 저작자로 인정하지 않기 때문입니다. 2023년 미국에서도 AI 작품 〈낙원으로 가는 입구〉가 저작권 등록 신청이 거부되었습니다.

AI 작곡가의 저작권료 지급 중단

우리나라 법원은 창작에 기여하지 않은 사람은 저작자로 인정하지 않습니다. 학계는 AI가 생성한 작품이 기존 작품 패턴을 분석해 만든 결과라 인간의 창작과 본질적으로 다르다고 판단합니다. 이는 저작권법이 AI를 저작자로 인정하지 않는 이유입니다.

저작권 인정 위해서는 기여도 중요해

2023년 미국 저작권청은 한 만화 작품의 저작권 등록을 취소했습니다. 저작권청은 이미지 제작 과정에서 창작자가 주체적 의지를 갖지 않았다고 설명했습니다. 또 인간의 창작물과 AI가 만든 결과물이 결합된 경우, AI를 최소한의 도구로 사용해야 저작물 등록 대상이 된다고 밝혔습니다.

AI로 만든 만화, 저작권 취소

"AI가 음악과 미술을 비롯해 인간의 창작 영역에 사용되며 논란이 시작되었어요. AI의 창작을 어디까지 인정해야 하는지, AI에게 인간과 같은 저작권이 있는지 전 세계가 논의 중이지요."

선생님은 기술 발달과 함께 불거진 문제를 아이들에게 전했다.

 "저작권은 저작자의 사망 후 70년간 인정되는데, AI는 죽지 않잖아요. 그러면 저작권이 영원히 남나요? 이런 문제가 있으니 AI의 저작권을 인정할 수 없을 것 같아요."

지훈이는 알쏭달쏭한 표정의 반 아이들을 둘러보았다.

 "만약 우리가 AI에게 저작권료를 낸다고 쳐도 AI는 우리가 준 돈을 쓰지 못해요. 컴퓨터는 마트도 못 가고 인터넷 쇼핑도 못 하잖아요."

"하긴, AI는 배도 안 고프고 돈도 필요 없지."

아이들이 킥킥 웃으며 고개를 끄덕였다.

"게다가 AI는 여러 그림을 합쳐 새로운 그림을 만들지만, 요소만

> **지식 플러스**
>
> ## 저작권이란?
>
> 작품을 만든 사람이 자신의 창작물을 보호받을 수 있도록 하는 권리예요. 대표적으로 저작자의 명예와 인격을 보호하는 '저작인격권'과 재산의 이익을 보호하는 '저작재산권'이 있어요.
>
> 저작권이 보호하는 창작물에는 소설·시·논문·강연·음악·연극·무용·그림·서예·도안·조각·건축물·사진·영상·도형·컴퓨터 프로그램 등이 포함돼요.
>
> 저작인격권은 다른 사람에게 상속하거나 양도할 수 없지만, 저작재산권은 상속하거나 양도할 수 있고 저작자가 살아 있는 동안과 사망 후 70년간 유지돼요.

따져 보면 표절에 가까워요."

로희와 지훈이가 서로를 바라보았다. 같은 의견을 말하는 친구가 있어 든든한 모양이었다.

지훈이가 단호하게 외쳤다.

> **용어 정리**
>
> **표절**: 다른 사람이 창작한 저작물의 일부 또는 전부를 베껴서 자신의 창작물처럼 발표하는 것을 말해요. 보통 학문이나 예술 영역에서 출처를 밝히지 않고 다른 사람의 저작물을 사용하는 행위를 뜻해요.

 "작가의 개성이 드러나는 작품을 창작물이라고 해요. 컴퓨터인 AI가 만든 작품에는 개성이 없어요. 왜냐하면 AI는 기존 작품들을 따라 하기 때문이에요. 그래서 AI의 작품은 예술로 인정하지 않아요. 현재 저작권법에서도 창작물에만 저작권을 인정하기 때문에 AI의 작품에는 저작권을 부여하지 않죠."

"AI 작품은 타인의 작품을 그대로 베끼는 표절과 완전히 달라요. 이미 있는 그림을 편집하여 만든 새로운 작품이니, AI 작품도 창작물이에요. 기술이 발전할수록 AI 작품도 수준이 점점 높아질 거예요."

도현이는 숨 돌릴 틈도 없이 말을 이었다.

"사람의 작품이라고 100퍼센트 창작은 아니에요. 때로는 무의식 중에 자신이 보았던 참고 자료를 기억해서 사용하기도 해요. AI가 데이터를 학습해서 활용하는 것도 이와 비슷하지 않을까요?"

"맞아요. 사람이 늘 완전히 새로운 작품을 만들어 내는 건 아니에요. 기존 작품을 패러디하거나 오마주하기도 하죠. 하지만 이런 시도가 표절과 다르게, 창작물로 인정받는 이유는 만든 사람의 의도와 생각이 담겨 있기 때문이에요. 그래서 저작권도 주어지고요."

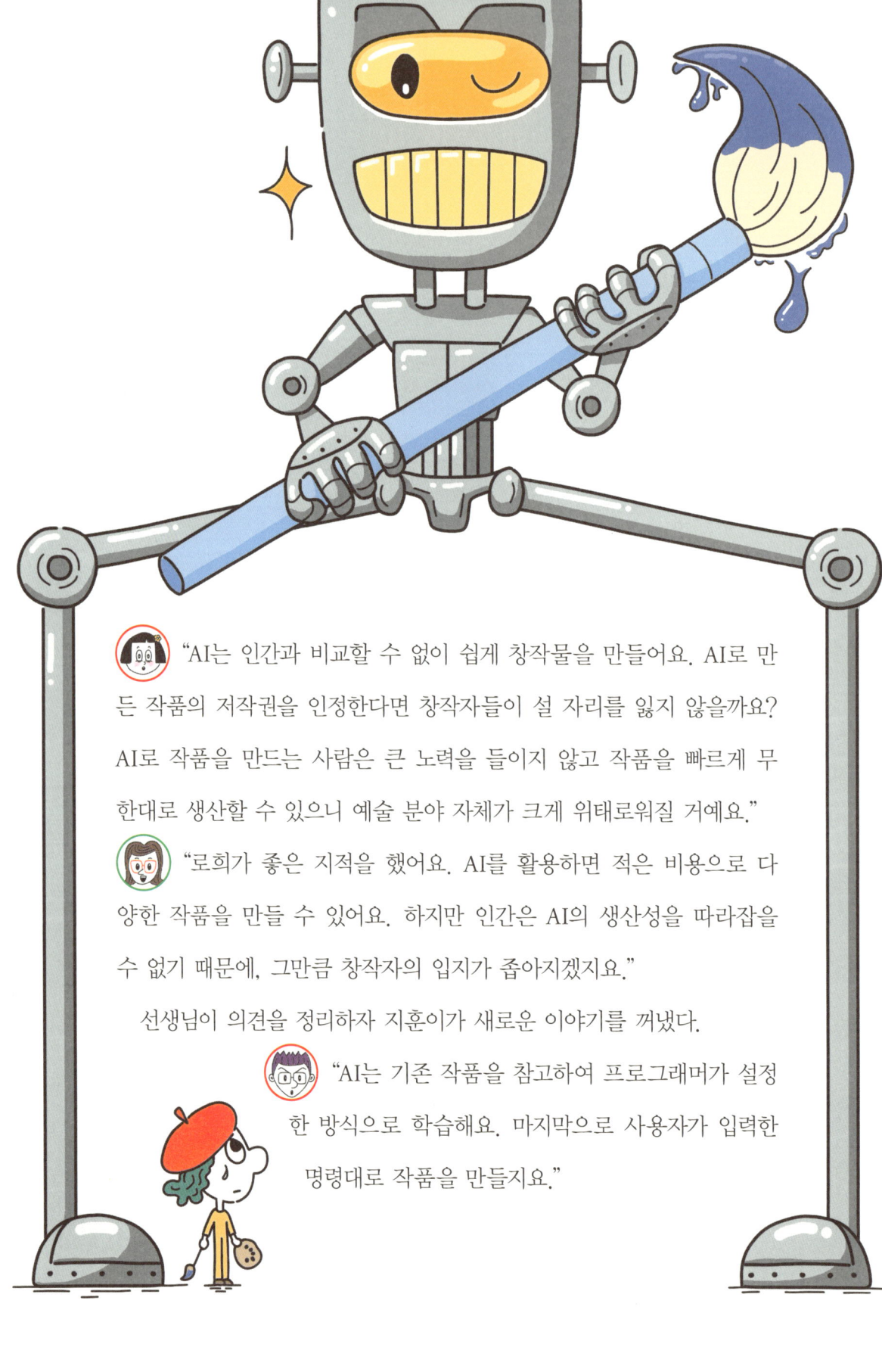

"AI는 인간과 비교할 수 없이 쉽게 창작물을 만들어요. AI로 만든 작품의 저작권을 인정한다면 창작자들이 설 자리를 잃지 않을까요? AI로 작품을 만드는 사람은 큰 노력을 들이지 않고 작품을 빠르게 무한대로 생산할 수 있으니 예술 분야 자체가 크게 위태로워질 거예요."

"로희가 좋은 지적을 했어요. AI를 활용하면 적은 비용으로 다양한 작품을 만들 수 있어요. 하지만 인간은 AI의 생산성을 따라잡을 수 없기 때문에, 그만큼 창작자의 입지가 좁아지겠지요."

선생님이 의견을 정리하자 지훈이가 새로운 이야기를 꺼냈다.

"AI는 기존 작품을 참고하여 프로그래머가 설정한 방식으로 학습해요. 마지막으로 사용자가 입력한 명령대로 작품을 만들지요."

아이들은 새로운 내용에 귀를 쫑긋 세웠다.

> **용어 정리**
>
> **패러디:** 코미디의 한 종류로, 원작을 아는 사람들에게 재미와 웃음을 주기 위해 원작을 흉내 내거나 바꾸어 표현하는 것을 말해요.
>
> **오마주:** 위대한 작품이나 작가에 대한 존경의 표시로, 그 작품의 특정 요소를 인용하는 것을 의미해요.

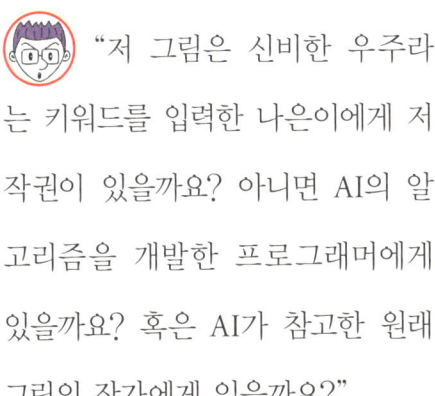 "저 그림은 신비한 우주라는 키워드를 입력한 나은이에게 저작권이 있을까요? 아니면 AI의 알고리즘을 개발한 프로그래머에게 있을까요? 혹은 AI가 참고한 원래 그림의 작가에게 있을까요?"

지훈이는 손가락으로 나은이의 그림을 가리켰다. 그림 한 장이 탄생하는 데 든 노력을 한 사람만의 것으로 볼 수 없다고 주장했다.

 "휴, 제가 별생각 없이 만든 그림이 문제가 될 줄 몰랐어요."

나은이는 자신의 그림을 보며 한숨을 쉬었다. 그림을 자랑했을 뿐인데 복잡한 토론이 벌어져 골치가 아픈 듯했다.

 "저는 생성형 AI를 도구라고 생각해요. 컴퓨터에 있는 한글 프

> **지식 플러스**
>
> ## 생성형 AI란?
>
> 창작물을 제공하는 인공지능을 '생성형 AI'라고 해요. 데이터를 학습하여 사용자가 원하는 음악, 그림, 글을 만들어 낼 수 있지요. 예를 들어 AI에 '여름 바다와 어울리는 흥겨운 박자의 노래를 만들어'라고 명령하면, AI가 학습한 내용을 바탕으로 음악을 만들어요. 같은 명령어를 그림을 생성하는 AI에 입력하면 그림도 만들어 내지요. 대표적인 생성형 AI로는 '챗GPT'와 '미드저니'가 있어요.

로그램이나 동영상 편집 프로그램처럼 쓰거든요."

나은이는 솔직한 심정을 털어놓았다.

 "그림판에서 마우스로 그림을 그리고 편집하듯이, AI 프로그램에 명령어를 쓰면 그림이 나와요. 전 AI가 편리하고 재밌어서 자주 사용해요. 무료라서 인터넷에 접속만 하면 돼요. 요즘은 AI 없이 사진이나 영상을 편집하는 사람이 거의 없어요. 현재 저작권법은 AI가 발전하기 이전에 만들어졌대요. 저작권을 인정할 수 없다고 하기보다, 변화하는 세상에 맞게 법을 만드는 것이 먼저 아닐까요?"

나은이는 AI의 저작권에 관해 무조건 반대할 것이 아니라, 시대에 맞는 법이 필요하다고 이야기했다.

"맞아요. 반대만 할 수는 없어요. 한 자료를 살펴보니 생성형 AI

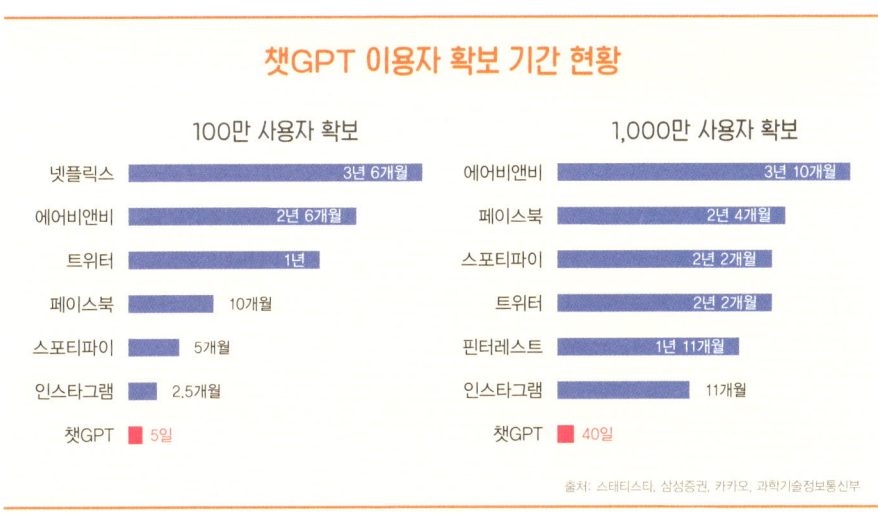

챗GPT는 5일 만에 이용자가 100만 명을 넘었고, 40일 만에 1,000만 명이 가입했다고 해요. 100만 명의 이용자를 확보하는 데 페이스북은 10개월, 넷플릭스는 3년 이상이 걸렸으니 엄청 빠른 속도죠."

"선생님, 미술 작품뿐 아니라 AI로 만든 커버곡도 저작권 문제가 있을까요? 어떤 사람은 AI가 만든 커버곡이 가수의 저작권을 침해한다고 하고, 다른 사람은 아니라고 하니 뭐가 맞는지 모르겠어요."

"AI 저작물에 대한 저작권 문제는 아직 논의 중이에요. 국내외에서 몇몇 법적 판단 사례가 있긴 하지만, 구체적으로 법이 만들어지지는 않았어요. AI가 워낙 빠르게 성장하고 있으니까요."

선생님은 차분히 설명을 이어 갔다.

"앞서 기사에서 AI 작곡가가 만든 곡에 대해 저작권료 지급을 중단한 사례를 보았죠? 이 외에도 AI가 기존 가수들의 목소리를 흉내 내서 만든 커버곡이 논란이 되었어요. 가수의 목소리는 저작권 보호 대상이 아니지만, 원작자나 원곡자의 동의 없이 음원을 제작했기 때문에 이 일은 저작권 침해로 인정되었죠."

 "목소리에는 저작권이 없지만, 멜로디에는 있다는 거군요."

나은이가 고개를 끄덕였다.

 "맞아요. 그래서 AI 커버곡을 만들 때는 원곡자에게 저작권료를 지불해야 해요. 하지만 많은 유튜버가 원곡자의 허락 없이 재미 삼아 AI로 노래를 만들어서 문제가 되고 있어요."

선생님의 설명이 끝나자 도현이가 조금 다른 의견을 냈다.

"과학 기술이 발전할수록 AI 명령어 전문가인 프롬프트 엔지니어 같은 새로운 일자리가 늘어나고 있어요. 이제는 AI와 함께 살아가는 방법을 고민해야 할 때라고 생각해요."

> **지식 플러스**
>
> ## AI 커버곡과 저작권 문제
>
> AI 기술로 유명인의 목소리를 그대로 따라 해서 만든 'AI 커버곡'이 주목받고 있어요. AI가 가수의 목소리를 학습해 만든 노래들이 SNS를 중심으로 인기를 끌면서 저작권 문제가 생겼어요.
>
> 현행 저작권법 제2조 제1호에 따르면, 저작권법은 '인간의 사상 또는 감정이 표현된 창작물'을 보호해요. 그래서 AI 커버곡도 원곡 작곡가와 작사가에게 저작권료를 내야 하지요. 만일 원곡자나 원작자의 동의 없이 음원을 제작하거나 유포하면, 저작권을 침해한 거예요.
>
> 하지만 목소리 자체는 창작물이 아니라서 저작권 보호 대상이 아니에요. 그러나 허락 없이 다른 사람의 목소리를 사용하면 '퍼블리시티권'을 침해하게 돼요. 퍼블리시티권은 연예인 같은 유명한 사람의 이름, 얼굴, 목소리 등을 다른 사람이 마음대로 이용하지 못하게 하는 권리예요.

"동의해요. 우리 삶에 깊숙이 들어온 AI 기술을 어떻게 잘 적용할지 깊이 생각해 볼 필요가 있어요. 여러분도 새로운 기술을 경험하며, 이 기술이 우리 일상에 어떻게 자리 잡아 가는지 지켜보도록 해요."

토론의 쟁점을 정리해 볼까요?

도현 나은  지훈 로희

AI 창작물, 저작권 인정해야 한다	AI 창작물, 저작권 인정하면 안 된다
그림을 편집하여 만든 새로운 창작물이므로 저작권을 인정해야 한다.	AI 작품은 여러 사람의 노력이 들어가므로 한 사람에게 저작권을 주기 어렵다.
기술의 발전은 막을 수 없는 흐름이므로 무조건 규제할 것이 아니라 규정을 만들어야 한다.	예술가의 설 자리가 좁아진다.
프롬프트 엔지니어 같은 새로운 직업이 탄생할 수 있다.	AI 작품은 인간의 창의적 표현이 있다고 보기 어렵다.

다른 나라의 AI 저작권 상황

유럽연합(EU)은 2012년부터 로봇법 프로젝트를 추진하며 AI의 인격에 대해 논의했어요. 프로젝트 결과로 2014년 5월에 로봇 규제 지침을 발표했지요. 여기에는 AI가 만든 발명품과 콘텐츠를 특허권, 상표권, 저작권 등 지식 재산으로 보호할 필요가 있다는 내용이 담겨 있어요. 또한 유럽연합은 2017년에 AI 로봇을 생명체로 인정한다는 로봇 시민권 권고안을 통과시키면서, 전자 인간에게도 시민권을 주겠다고 선언했어요. AI 로봇이 인간처럼 권리를 가지면, 인간의 개입 없이 만든 창작물에 대해서도 권리와 책임을 가질 수 있어요.

미국 저작권청은 2023년에 AI가 만든 예술 작품은 저작권 보호 대상이 아니라고 판결했어요. 논란이 된 작품은 실제 사진을 몽환적인 이미지로 재처리했어요. 이 작품을 만든 미국 AI 과학자 스티븐 탈러는 2018년 자신이 아닌 AI 알고리즘 '다부스'를 저작자로 등록하려 했으나, 2019년에 반려됐어요. 이어 2020년에 다시 저작권 등록 신청을 했지만 또다시 실패했지요.

미국 저작권청은 저작권이 인간의 지적 노동 성과물을 보호하는 권리이며, 사람의 의도나 창의성 없이 자동 생성된 AI 창작물에는 저작권을 인정할 수 없다고 설명했어요.

일본은 이미 학습용 데이터 저작권 면책 조항을 도입했어요. 2018년에 개정된 저작권법에서는 AI 학습과 빅데이터 분석에 쓰이는 데이터를 규제 없이 자유롭게 이용할 수 있게 했어요. AI 창작물에 대해서는 2016년부터 논의를 시작했지요. 현행 일본 저작권법에서는 저작권을 '인간의 생각과 감정을 창작으로 표현한 것'으로 규정했어요. 즉 AI가 창작물의 저자가 되기는 어렵고, 인간이 AI를 도구로 활용한 경우에만 저작권을 인정해요.

우리나라는 2020년에 AI 저작권 보호를 위한 저작권법 개정안을 발의했어요. 이 법안은 아직 논의 중이지만, 앞으로 AI 창작물의 저작권을 어떻게 다룰지에 대한 중요한 출발점이 될 거예요.

진찰을 받으려면 꼭 의사를 만나야 할까?

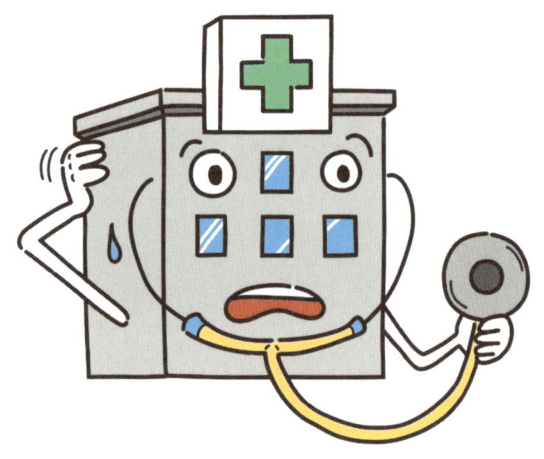

"콜록콜록."

어제 감기로 결석했던 서연이가 기침하며 교실로 들어왔다.

"서연아 너 이제 괜찮아? 아직도 아파 보인다."

승준이가 걱정스러운 눈빛으로 서연이를 보았다.

"조금 나아졌어. 어제 앱으로 약을 주문해서 먹었어."

서연이는 가방에서 감기약 봉지를 꺼냈다.

"앱으로 약을 주문해?"

"응, 이 앱으로 의사에게 진료받고 약을 배달받았어."

서연이는 비대면 진료 앱을 켰다. 모바일로 증상을 설명하면 그에 맞는 약을 집까지 간편하게 배달해 주는 서비스였다.

"와, 병원에 가지 않아도 진료받을 수 있다니. 신기하다."

승준이는 앱을 손가락으로 톡톡 누르며 살펴보았다.

"쯧쯧. 애들이 큰일 날 소리를 하네."

팔짱을 낀 민서가 혀를 찼다. 아빠가 의사인 민서는 집에서 들었던 내용을 떠올리며 고개를 저었다.

"약을 먹는 게 왜 큰일이야? 약을 안 먹는 게 문제잖아."

"앱으로 대충 진료받는 거잖아. 잘못하면 병이 심해져서 입원해야 할지도 몰라."

승준이가 따지자 민서가 또박또박 대답했다.

"입원? 나 입원해야 해?"

"김민서, 넌 왜 쓸데없이 겁을 줘. 서연이 놀랐잖아."

서연이가 어쩔 줄 몰라 하자 승준이가 서연이를 감쌌다.

"기침한다고 해서 다 감기가 아니야. 만약 코로나19나 폐렴, 독감이라면 일반 감기약으로는 치료할 수 없으니까 의사에게 직접 진료받아야 해."

민서는 두 친구를 똑바로 보았다.

"선생님은 비대면 진료가 괜찮다고 생각하세요?"

아이들이 어물거리자 민서가 오정의 선생님에게 여쭈었다.

"음, 한마디로 결론 내리긴 어려우니 함께 자료를 보고 토론해 볼까?"

선생님이 마우스를 클릭하자 화면에 자료가 나타났다.

토론을 시작하기 전에!

비대면 진료, 확대해야 한다

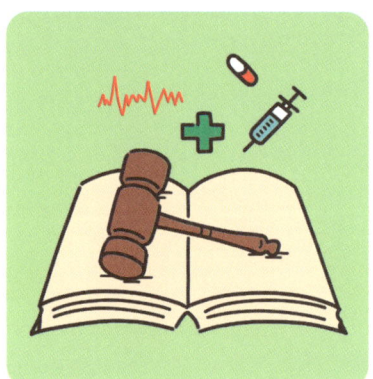

2021년 국회 보건복지위원회는 필요한 환자에게 비대면 진료를 실시할 수 있도록 하는 '의료법 일부개정법률안'을 발의했습니다. 이 법을 발의한 의원은 "코로나19 위기 속에서 276만 건의 한시적 비대면 진료를 통해 비대면 진료의 가능성을 확인했다"고 말했습니다.

의료법 일부 개정안 발의

의료법 일부 개정안 내용은 비대면 진료를 보건의료정책으로 추진하며, 의사의 판단에 따라 대면 진료를 보완하는 역할로 활용하는 것입니다. 의료 사각지대 해소를 위해 대리처방자, 벽지, 교정시설 수용자를 포함하고, 의원급 의료기관에서 주로 진료하며 비대면 전용 의료기관 운영을 금지합니다. 또한 비대면 진료의 의료인 책임을 명확히 하고 재정 지원을 추진합니다.

대면 진료 보완하여 의료 사각지대 해소

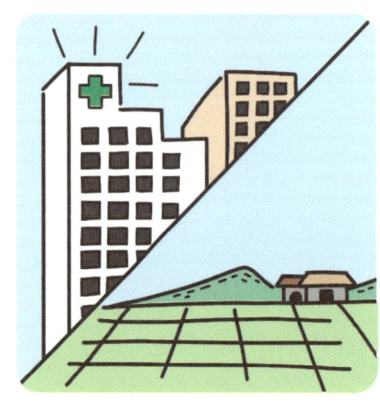

2021년 질병관리청 자료에 따르면, 인구 감소 지역 당뇨병 환자가 비위험 지역 환자보다 교육을 받을 확률, 안질환 검사를 받을 확률, 신장질환 검사를 받을 확률이 낮았습니다. 연구팀은 "인구감소 지역은 대부분 농촌으로, 지리적·의료 서비스 제한과 낮은 사회경제적 특성 등이 당뇨병 관리에 큰 장애물로 작용할 가능성이 크다"고 지적했습니다.

서울과 지방 의료 격차 커

비대면 진료, 확대하면 안 된다

2022년 비대면 진료 플랫폼들의 불법 행위가 성행했습니다. 플랫폼들은 환자가 처방약을 고르는 서비스를 도입하거나 피부미용 약물 처방 조장 광고를 하는 등 의료법과 약사법을 막론하고 법 테두리를 넘나들었습니다. 정부가 적절한 사전 규제 없이 시장을 방관한 결과였습니다.

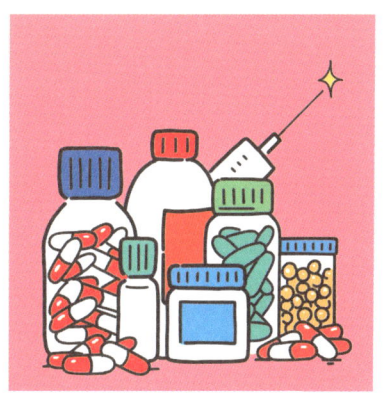

비대면 진료 부작용 커

일부 의료 기관은 비대면 진료 플랫폼의 불법 행위를 이용해 부당 이익을 취했습니다. 한 의원이 여드름 전문약을 급여 처방해 3억 원의 부당 이득을 챙겼고, 일반 의약품을 불법 배송한 플랫폼과 진료 없이 약을 처방한 의원 등 7곳이 적발되었습니다.

일부 의료기관 도덕적 해이 현상 나타나

대한의사협회 의료정책연구소는 "의사가 환자의 병을 진단하려면 대화(문진), 관찰(시진), 소리 듣기(청진), 두드리기(타진), 만지기(촉진)를 해야 한다"고 했습니다. "비대면 진료는 문진과 불안정한 시진만으로 진단해야 하며, 웨어러블 기기가 발달해도 대면 진료만큼 정확하지 않다"며 "제한된 정보로 진료하면 잘못 진단할 가능성이 높다"고 지적했습니다.

비대면으로는 정확한 진단이 어려워

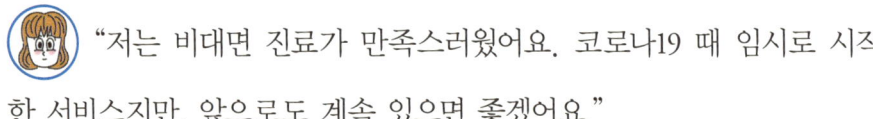"어제 열이 났는데, 부모님이 모두 출근하셔서 병원에 가기 어려웠어요. 그래서 앱으로 의사에게 증상을 설명하고 약을 받았어요. 그 약이 없었다면 저는 오늘도 학교에 나오지 못했을 거예요."

서연이는 피곤한 얼굴로 웃으며 앱이 고맙다고 했다.

"저는 비대면 진료가 만족스러웠어요. 코로나19 때 임시로 시작한 서비스지만, 앞으로도 계속 있으면 좋겠어요."

서연이가 조심스럽게 말했다.

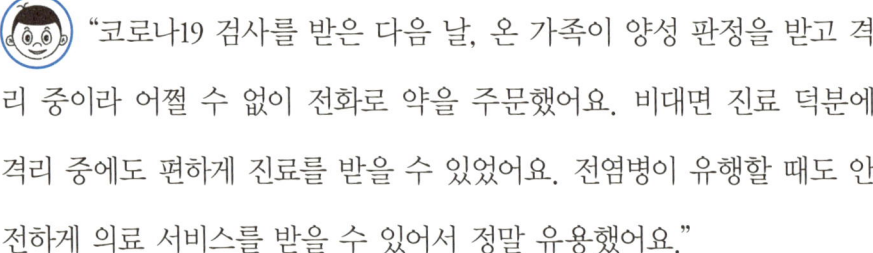"저도 예전에 코로나19로 비대면 진료를 받았어요."

승준이가 곧장 말을 이었다.

"코로나19 검사를 받은 다음 날, 온 가족이 양성 판정을 받고 격리 중이라 어쩔 수 없이 전화로 약을 주문했어요. 비대면 진료 덕분에 격리 중에도 편하게 진료를 받을 수 있었어요. 전염병이 유행할 때도 안전하게 의료 서비스를 받을 수 있어서 정말 유용했어요."

"맞아, 우리 집도 그랬어."

> **지식 플러스** **비대면 진료란?**
>
> 병원에 가지 않고, 영상 통화로 의사와 상담하며 진료를 받는 서비스예요. 주로 비대면 진료 앱이나 웹사이트를 통해 신청할 수 있어요. 진료를 받기 전에 자신이 어떤 병에 걸렸는지, 증상이 어떤지를 미리 적는 '사전 문진'을 해요. 그런 다음 의사가 화면을 통해 진료하고, 필요하면 약을 받을 수 있어요. 하지만 향정신성 약물이나 오남용 위험이 있는 약물, 사후피임약 등은 비대면으로 처방받을 수 없어요. 비대면 진료는 의사가 안전하다고 판단할 때만 진행되지요.

승준이 말에 도현이가 고개를 끄덕였다.

"이전에는 주로 만성질환자만 비대면 진료를 받았지만, 이제는 진료 경험만 있으면 어떤 질환이든 비대면 진료가 가능해요. 비대면 진료는 보통 플랫폼 앱에서 이루어져요. 2023년 기준으로 비대면 진료 플랫폼은 약 30개이며, 건강 관리 상담 등의 서비스를 제공하는 앱까지 포함하면 더 많죠. 앞으로 이런 앱은 더 늘어날 거예요."

"코로나19는 위험한 전염병이라는 특수한 상황이었죠. 하지만 지금은 달라요."

민서가 눈살을 찌푸렸다.

"진료는 단순히 증상을 듣고 약을 처방해 주는 게 아니에요. 증상을 물어보고, 직접 눈으로 아픈 곳을 보고, 청진기로 숨소리를 들어 보면서 종합적으로 판단해야 해요. 저희 아빠가 그러는데, 감기처럼 보

전 국민 비대면 진료 기준 변화

	기존	보완
대면 진료 경험자 기준 간소	만성질환자 1년 이내, 그 외 질환자 30일 이내 동일 질환에 대해서만 비대면 진료 가능	6개월 이내로 기준 통일 질환 관계없이 동일 의료기관에서 의사 판단하에 비대면 진료 가능
의료 취약 지역 범위 확대	일부 섬·벽지 지역	응급 의료 취약지(98개 시군구) 추가
휴일·야간에도 비대면 진료 가능	대면 진료 경험 있는 환자와 18세 미만 소아만 가능	진료 이력 상관없이 누구나 가능
처방 불가	마약류, 오남용 의약품	마약류, 오남용 의약품, 사후피임약
처방전	환자가 원본 처방전 다운로드 가능	의료 기관에서 약국으로 직접 전송

출처: 보건복지부, 2023년

이는 병이 정말 많대요. 그래서 의사가 직접 청진기로 병을 확인하는 게 더 정확해요. 알맞은 검사를 해야 감기인지, 독감이나 폐렴같이 증상이 비슷한 다른 병인지 정확하게 알 수 있어요."

"기침 좀 한다고 폐렴이라니, 너무 과장하는 거 아니야?"

승준이가 어이없다는 표정을 지었다.

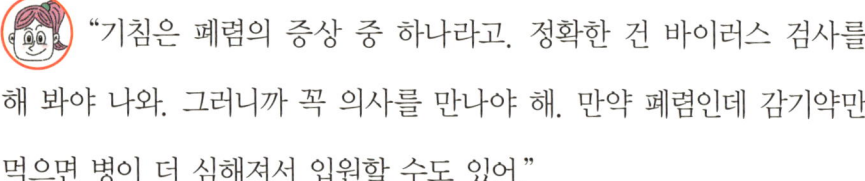

민서가 씩씩거리며 설명했다.

"민서 말이 맞아요. 병의 진단은 의사의 몫이지요."

선생님이 두 아이 사이에 서서 말했다.

"코로나19 이후 전 세계적으로 비대면 진료가 크게 늘어났어요. 코로나19로 병원 방문이 어려워지자 정부가 임시로 비대면 진료를 허용

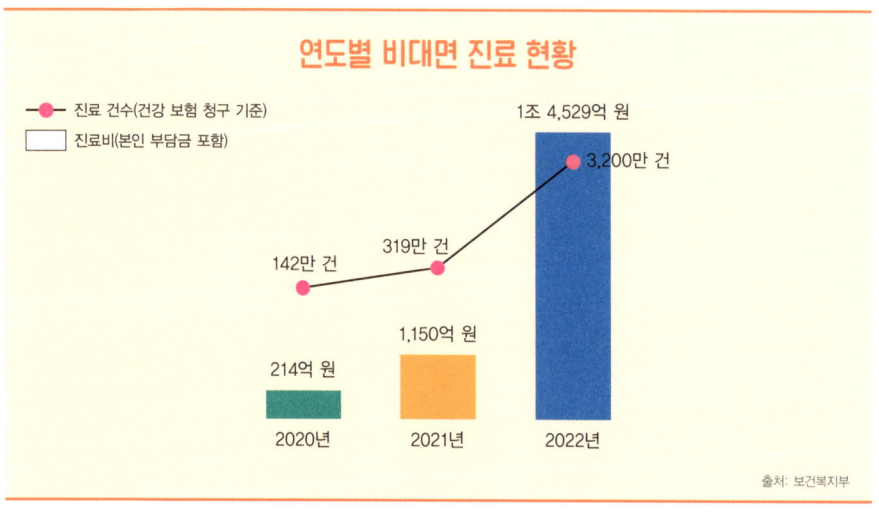

했고, 지금도 이 방식이 계속되고 있지요."

"병원이 없는 동네에 사는 환자가 병원에 오느라 몇 시간 동안 이동하면 몸이 더 아플 수 있어요. 도시는 물론, 병원이 적은 지역에 사는 환자에게도 비대면 진료가 꼭 필요해요."

서연이는 비대면 진료의 장점을 설명했다.

"비대면 진료를 하면 병원에서 내 차례를 기다리느라 시간을 허비하지 않아도 돼요."

몸이 아팠던 서연이는 자신의 마음을 천천히 털어놓았다.

"시간을 절약할 일이 따로 있죠! 진료는 우리의 생명과 관련된 중요한 일이에요. 귀찮고 번거로워도 건강을 지키려면 병원에 가야 해요."

민서는 절대 양보하지 못한다고 말했다.

"더군다나 비대면 진료 앱에서는 탈모약과 다이어트약을 판매하기도 해요. 특정 약을 홍보하기도 하죠. 마치 인터넷 쇼핑몰처럼요. 약은 신중하게 복용해야 하는데, 이렇게 가볍게 취급하는 건 문제가 아닐까요?"

민서가 주먹을 꽉 쥐며 단호하게 말했다.

"정말?"

아이들은 약을 쇼핑한다는 말에 눈을 크게 떴다.

"비대면 진료 플랫폼은 다양한 서비스를 제공해요. 광고가 금지된 전문 의약품을 일반 약과 함께 홍보하거나 의사에게 진료받기 전에 '담아 두기' 기능으로 쇼핑하듯 고를 수 있기도 해요. 이런 서비스는 약을 오남용하게 해요. 대리 처방의 우려도 있어요. 전문 의약품 광고를 금지하는 의료법을 위반했다는 의견도 있죠."

선생님이 민서가 말한 비대면 진료의 부작용을 정리하였다.

"저도 비대면 진료가 필요하다고 생각하지만, 광고 같은 부작용을 막기 위해서는 확실한 기준이 필요해 보여요."

"정부는 비대면 진료 플랫폼 업체의 운영 가이드라인을 마련했어요. 사은품으로 환자를 유도하지 않기, 약국과 병원에 환자를 의도적으로 보내지 않기, 의사와 약사의 전문성 존중하기, 약 오남용하도록 부추기지 않기, 처방전 재사용하지 않게 미리 안내하기, 환자와 의사의 개인 정보 보호하기 등의 내용이지요."

"당뇨나 고혈압처럼 정기적으로 병원에 가서 약을 받아야 하는 병만 비대면 진료를 허용하는 게 어떨까요? 전화나 화상 통화로는 모든 증상을 정확하게 알아내기 어려울 수 있으니까 처음에는 직접 병원에 가서 의사에게 진단을 받고, 같은 병이 계속되면 비대면으로 약만 처방받는 거예요."

도현이가 차분한 목소리로 찬성과 반대 의견을 조율했다.

"저는 쇼핑몰이나 통신사에 제공한 개인 정보가 유출되는 사건이 자주 일어나는 것처럼 비대면 진료 플랫폼에 입력한 개인 정보가 유출될까 봐 걱정돼요. 솔직히 숨기고 싶은 병이 공개되면 너무 창피할 것 같아요."

"인터넷은 언제든 해킹할 수 있으니, 그 걱정이 이해돼요. 특히 의료 정보에는 민감한 내용이 포함되어 있어서 만약 외부에 공개되면 큰

문제가 될 거예요."

오정의 선생님이 설명했다.

 "혹시 병원과 집이 거리가 멀고 거동이 불편한 노인 환자의 입장을 생각해 본 적 있나요? 저희 할아버지께서 바로 그런 환자예요."

반 아이들이 현우의 말에 귀를 기울였다.

 "지방에 사는 저희 할아버지는 서울에 있는 병원을 다니세요. 할아버지를 치료하시던 의사 선생님이 서울의 종합병원으로 옮기셨거든요. 그래서 할아버지는 어쩔 수 없이 기차를 타고 다니세요."

 "이런, 할아버지께서 이동하시기 꽤 힘드시겠네요."

선생님이 걱정스러운 표정을 지었다.

 "네, 그래서 병원 가기 전날 저희 집에서 하루 주무시고, 다음 날 병원에 들렀다 집으로 돌아가세요. 만약 비대면 진료가 가능했다면 이런 불편함은 없었을 거예요."

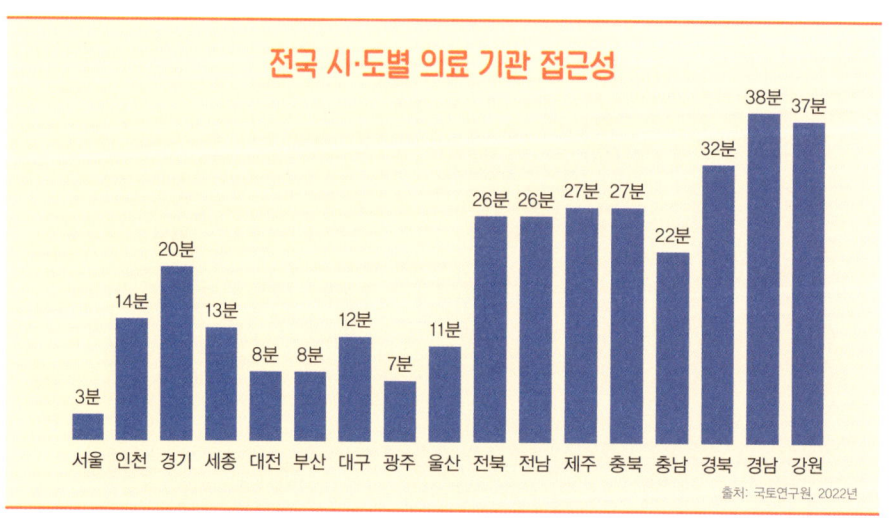

　현우는 병원에 방문하기 어려운 환자가 생각보다 많다고 이야기했다.

　"맞아요. 실제로 대도시와 지방의 의료 격차가 날로 심해지고 있어요."

　선생님은 저출생과 고령화 때문에 의료 시설이 수도권에만 몰리는 문제를 꼬집었다.

　"병원이 부족한 지역은 국가에서 보건소를 운영하지만, 그런 곳은 대중교통이 잘 되어 있지 않아서 이 또한 노인들이

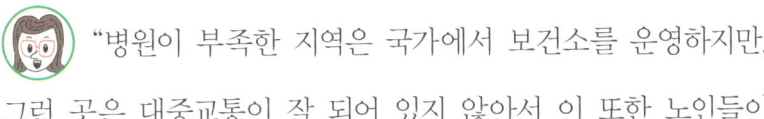

저희 할아버지는 시골에서 서울까지 기차 타고 병원을 다니세요.

이용하기 불편하지요."

"그러면 지방에 사는 사람만 비대면 진료를 이용하게 하면 어떨까요? 근처에 병원이 없는 사람이라면 의료 쇼핑이 아닌 진짜 진료를 받겠죠."

승준이가 어깨를 으쓱했다.

"대도시에 산다고 병원이 항상 가까운 건 아니에요. 서울이든 지방이든 차별하는 건 좋지 않아요."

서연이는 고개를 저으며 승준이의 주장에서 허점을 짚어 냈다.

"으, 머리 아파. 비대면 진료 문제를 생각할수록 두통이 생기는 것 같아."

승준이가 이마를 쥐자 아이들이 웃음을 터뜨렸다.

토론의 쟁점을 정리해 볼까요?

 서연 승준 현우　　　　　　　　　　　 민서 도현

비대면 진료, 확대해야 한다	비대면 진료, 확대하면 안 된다
병원에 가기 어려운 사람에게 유용한 서비스이다.	제대로 된 치료를 받으려면 병원에 직접 방문하는 게 좋다.
시간을 절약할 수 있다.	약을 오남용할 우려가 있다.
지역별 의료 격차 해소에 도움이 된다.	환자의 개인 정보가 유출될 수 있다.

각국의 비대면 진료

해외에서도 비대면 진료나 약을 배달해 주는 서비스가 많이 이루어지고 있어요. 일본은 코로나19 이후 비대면 진료를 이용하는 사람들이 많아지면서, 2020년 4월부터 약을 배달받는 것을 공식적으로 허용했어요.

호주는 2020년 4월부터 비대면 진료 후 처방전을 문자메시지나 이메일, 팩스로 받을 수 있게 했어요.

프랑스는 비대면 진료를 받는 환자에게 약 배송 서비스를 하고 있어요. 비대면 진료가 끝나면 의사가 앱으로 환자가 선택한 약사에게 처방전을 보내서 약을 받을 수 있지요.

미국도 의사가 비대면 진료 후 환자가 선택한 약국으로 처방전을 보내요. 코로나19를 계기로 약국에는 드라이브스루˚로 약을 받을 수 있는 서비스가 생겼어요.

캐나다는 비대면 진료가 잘 발달한 나라 중 하나예요. 캐나다도 의사가 비대면 진료 후 환자가 원하는 약국으로 처방전을 보내요. 약국은 환자의 약이 준비되면 비대면 진료 앱으로 알리거나, 집으로 약을 배달해 주지요.

중국은 2018년에 의약품 온라인 판매 금지를 해제했고, 인터넷 병원을 이용하는 정책을 발표했어요. 각 지역의 보건 관련 기관에서 지정한 인터넷 병원에서 진료를 받고, 의사가 처방전을 발행하면 병원과 연결된 물류 회사가 약을 환자에게 배달해 줘요.

인도 보건부는 2020년 3월에 비대면 진료를 통한 약 배송을 허가한다고 발표했어요. 이제 병원에서 약국으로 보낸 이메일 처방전에 따라 약을 환자의 집까지 배달할 수 있지요.

드라이브스루 차에서 내리지 않고 음식이나 물건을 빠르게 살 수 있는 서비스.

동물 실험, 계속해야 할까?

"나은아, 너 립밤 발랐어?"

로희는 나은이의 다홍색 입술을 쳐다보았다.

"응, 어제 올리브원에서 산 신상이야. 색깔 이쁘지?"

신이 난 나은이는 필통에서 알록달록한 립밤을 꺼냈다. 인기 아이돌이 광고하는 최신 제품이었다.

"근데 이건 비건 화장품이 아니네? 이런 화장품이나 약을 개발할 때 동물로 실험하는 거 알아? 그래서 비건 화장품을 사야 한다던데."

"비건 화장품? 에이, 그럴 필요 없어. 얼마 전에 뉴스에서 봤는데, 화장품은 동물 실험 금지법 때문에 동물 실험을 안 한대."

나은이가 손을 절레절레 흔들었다.

"그래? 그럼 다행이고. 아무튼 동물 실험은 너무 잔인해. 난 그런 회사 제품은 절대 쓰지 않을 거야."

강아지를 키우는 로희는 어깨를 부르르 떨었다.

"안로희, 동물한테 실험하지 않으면 어쩌게? 검증되지 않은 제품을 사용했다가 부작용이라도 생기면?"

동현이가 아는 체하며 끼어들었다.

"동물도 사람처럼 고통을 느껴. 너는 사람 때문에 희생되는 동물이 불쌍하지도 않아?"

"동물이 불쌍하긴 하지만 그렇다고 사람 몸에 실험할 수는 없잖아. 특히 약품 같은 건 실험이 꼭 필요하지 않아?"

로희가 못마땅한 듯 인상을 써도 동현이는 또박또박 말했다.

"너희들, 동물 실험 이야기 중이었구나?"

"선생님!"

오정의 선생님의 목소리에 반 아이들이 동시에 고개를 돌렸다.

"동물 복지에 대한 사회적 인식이 개선되면서 동물 실험에 대한 관심도 점점 높아지고 있단다. 오늘은 동물 실험에 대해 알아볼까?"

토론을 시작하기 전에!

동물 실험, 계속해야 한다

최악의 뇌암으로 꼽히는 교모세포종을 치료할 가능성을 동물 실험에서 확인했습니다. 안스데반 교수는 건강한 사람의 '감마 델타 T세포'를 생쥐의 교모세포종 부위에 주입해 종양 크기가 줄고 생존이 연장되는 효과를 얻었다고 발표했으며, 이 기술로 교모세포종 환자에게 높은 치료 반응을 기대할 수 있다고 말했습니다.

새로운 암 치료 방법, 동물 실험으로 확인

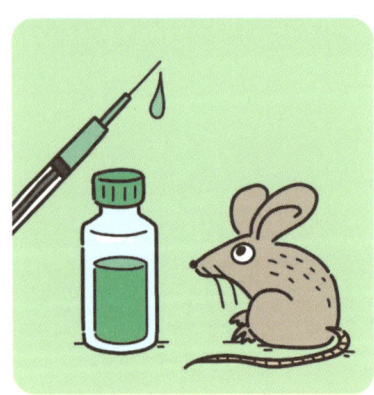

다양한 대체 기술이 개발되고 있지만, 지금의 기술로는 인간의 장기를 대체할 장기 유사체를 만들지 못하는 데다 동물 실험으로 암, 결핵, 에이즈 치료법이 발전하고 있어, 동물 실험을 즉시 금지하기 어려운 상황입니다.

현재로서는 동물 실험을 대체할 기술 없어

2022년 스위스에서는 모든 동물 실험을 금지하려 했으나 국민 투표 결과 반대 79.1퍼센트로 부결되었습니다. 이 법은 스위스 내에서 동물 실험을 금지하고 동물 실험을 거친 의약품이나 상품 수입도 금지하는 내용이었습니다. 그러나 스위스 동물 보호 단체도 반대 입장을 내놓았습니다. 시기상조라는 이유였습니다.

스위스 동물 실험 금지 안건 부결

동물 실험, 중지해야 한다

농림축산검역본부에 따르면 2023년 국내 동물 실험으로 희생된 동물은 450만 마리에 달합니다. 원숭이류, 파충류, 어류 실험이 늘어난 것으로 나타났습니다. 한 동물 보호 단체는 어류와 파충류를 포유류 대신 실험에 사용하고 있으며, 원숭이류 실험에 대해서도 관심을 가져야 한다고 지적했습니다.

실험으로 희생된 동물만 450만 마리

일론 머스크가 설립한 '뉴럴링크'가 인간의 뇌에 컴퓨터 장치를 이식하는 실험과 관련해 미국 식품의약국의 승인을 받았습니다. 그러나 로이터 통신은 뉴럴링크 내부에서 동물에게 불필요한 고통과 죽음을 초래하고 있다는 불만이 나오고 있으며, 뉴럴링크가 미국 동물복지법 위반 가능성으로 조사받고 있다고 밝혔습니다.

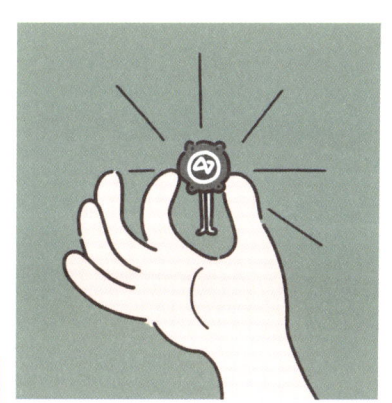

불법 동물 실험 논란에 휩싸인 뉴럴링크

로이터 통신은 뉴럴링크가 기술 개발 과정에서 2018년 이후 양, 돼지, 원숭이 등 동물 약 1,500마리를 희생시켰다고 보도했습니다. 뉴럴링크 전·현직 직원 20여 명은 "일론 머스크의 압박으로 실험 실패가 잦아졌고, 이로 인해 희생된 동물 수가 늘었다"고 증언했습니다.

동물 1,500마리 가까이 희생돼

"그러고 보니, 우리 반에도 반려동물을 키우는 친구들이 많죠. 로희도 반려동물을 키우나요?"

선생님은 시무룩한 표정의 로희에게 고개를 돌렸다.

 "네, 저는 코코라는 길고양이를 입양해서 키우고 있어요. 코코를 생각하면 저는 절대 동물 실험에 찬성할 수 없어요."

 "로희의 주장을 뒷받침할 근거를 들어 볼까요?"

선생님은 객관적인 이유를 요청했다.

 "고양이도 사람처럼 고통을 느껴요. 제가 코코의 발톱을 깎다가 실수로 피부를 꼬집은 적이 있는데, 코코가 아주 아파했어요. 이렇게 작은 상처에도 아파하는데, 실험실에 있는 동물들은 얼마나 더 고통스러울까요?"

아픈 동물을 떠올린 로희의 눈꼬리가 축 처졌다.

 "제 생각은 조금 달라요. 우리는 병에 걸리면 약을 먹고 치료해요. 암처럼 무서운 병도 약으로 치료하지요."

동현이의 차분한 목소리가 교실에 퍼졌다.

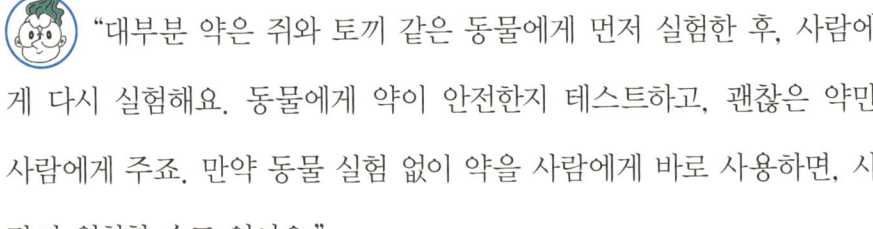 "대부분 약은 쥐와 토끼 같은 동물에게 먼저 실험한 후, 사람에게 다시 실험해요. 동물에게 약이 안전한지 테스트하고, 괜찮은 약만 사람에게 주죠. 만약 동물 실험 없이 약을 사람에게 바로 사용하면, 사람이 위험할 수도 있어요."

동현이는 어깨를 으쓱하며 말을 이었다.

 "사람 살리는 약을 만들자고 다른 사람을 죽일 수는 없잖아요.

실험동물이 불쌍하긴 하죠. 하지만 인간의 병을 치료하려면 다른 방법이 없어요."

동현이의 단호한 말에 몇몇 아이들이 고개를 끄덕였다.

 "동현이의 주장대로라면 사람의 생명만 중요하다는 뜻인데, 저는 반대예요. 아무리 동물이라도 생명을 함부로 다뤄서는 안 돼요."

로희는 주먹을 꼭 쥐고 동현이를 노려보았다.

 "우리나라에는 동물의 생명을 보호하고 안전을 보장하는 동물 보호법이 있어요. 그 법에서는 적절한 기준에 따라 동물 실험을 허용하고 있죠."

오정의 선생님은 현재 시행 중인 동물 보호법을 화면에 표시했다.

동물 보호법

우리나라는 1991년, 동물의 생명과 안전을 보호하기 위해 동물 보호법을 제정했어요. 동물 학대를 방지하고, 반려동물을 보호하기 위한 법이지요. 이 법에는 실험동물 학대를 금지하는 내용도 포함되어 있어요.

- 동물 실험은 인류의 복지 증진과 **동물 생명의 존엄성을 고려**하여 실시한다.
- 동물 실험을 **대체할 방법을 우선적으로 고려**하여야 한다.
- 동물 실험은 과학적 지식과 경험을 보유한 자가 시행하며 **최소한의 동물만 사용**한다.
- 실험동물의 고통이 수반되는 실험은 되도록 **감각 능력이 낮은 동물을 사용**하고 진통·진정·마취제의 사용 등 수의학적 방법에 따라 **고통을 덜어 주기 위한 적절한 조치를 하여야** 한다.
- 실험이 끝난 **동물을 즉시 검사하고 정상적으로 회복한 동물은 분양**하거나 기증할 수 있다.

"저는 동물 보호법을 처음 보았는데, 내용을 보니 실험동물을 충분히 존중한다고 느꼈어요."

동현이는 지금의 법이 동물 복지에 신경을 쓴 것이라고 말했다.

"하지만 한 동물 실험 감시 단체의 보고서에 따르면, 매년 전 세계에서 약 1억 9,210만 마리의 동물이 희생된다고 해요."

구석에 앉아 있던 서연이가 입을 열었다.

"게다가 동물 실험이 꼭 사람을 구하는 데만 쓰이지 않아요. 제품 개발을 위해 무분별하게 진행하거나 화장품이나 성형 수술의 효과를 입증하기 위해 하기도 하죠."

"화장품?"

"성형 수술?"

서연이가 떨리는 목소리로 말하자 아이들이 웅성거렸다. 동물 실험을 병을 고치는 약을 만들 때만 진행하는 것이 아니라, 미용 목적으로도

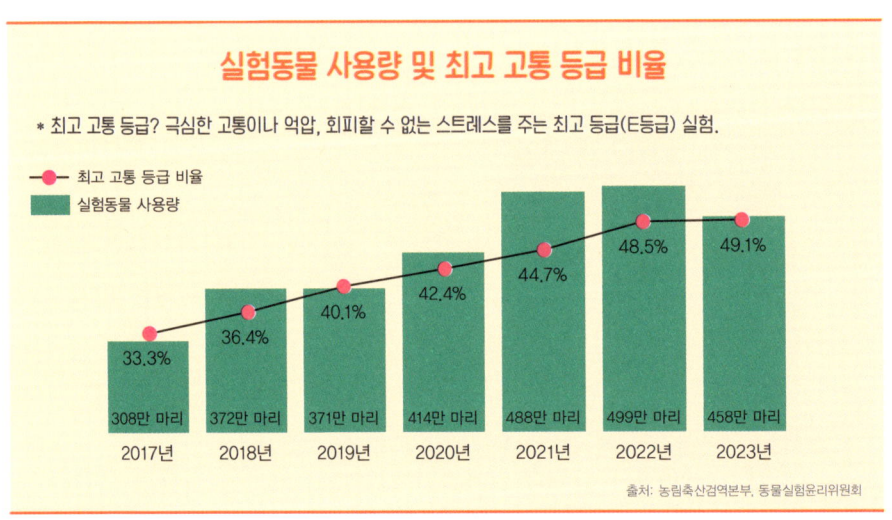

이루어진다는 사실을 몰랐기 때문이다.

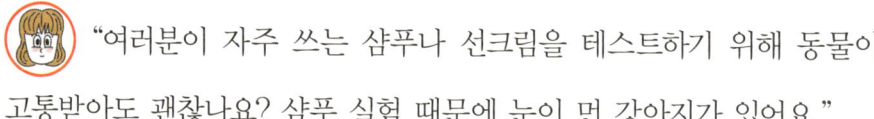 "여러분이 자주 쓰는 샴푸나 선크림을 테스트하기 위해 동물이 고통받아도 괜찮나요? 샴푸 실험 때문에 눈이 먼 강아지가 있어요."

서연이는 국제적으로 논란이 되었던 실험을 이야기하며 울먹였다.

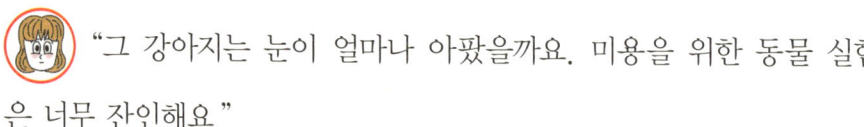 "그 강아지는 눈이 얼마나 아팠을까요. 미용을 위한 동물 실험은 너무 잔인해요."

서연이가 눈물을 흘리자 교실 안이 조용해졌다.

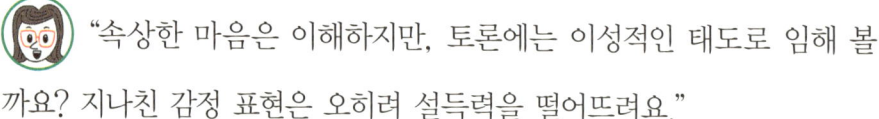 "속상한 마음은 이해하지만, 토론에는 이성적인 태도로 임해 볼까요? 지나친 감정 표현은 오히려 설득력을 떨어뜨려요."

 "네, 선생님."

선생님의 지적에 서연이가 얼른 눈물을 닦았다.

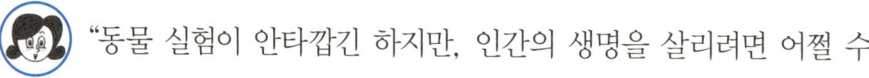 "서연이의 말대로 동물 실험은 연구 윤리 문제로 논란이 된 적이 많아요. 그중 하나는 3D 프린팅 기술로 개에게 인공 눈을 넣는 실험을 다룬 논문이에요. 세계적인 학술지가 이 논문에 대해 윤리 문제를 제기했고 논문 게재를 다시 검토했어요."

선생님은 서연이가 말한 사건을 좀 더 자세히 들려주었다.

"학술지 측은 연구 동기가 단순히 미용 목적이라면 개 두 마리를 희생시킨 연구 방법을 정당화할 수 없다고 했어요. 또한 실험에 사용된 개들에게 마취와 진통 관리가 제대로 이루어졌는지에 대한 증거가 없다고 재평가 이유를 설명했지요."

"동물 실험이 안타깝긴 하지만, 인간의 생명을 살리려면 어쩔 수 없다고 생각해요. 한 조사에 따르면 많은 사람이 동물 장기를 이식하는 치료법에 동의하고 있어요."

나은이가 조심스럽게 자료를 펼쳤다.

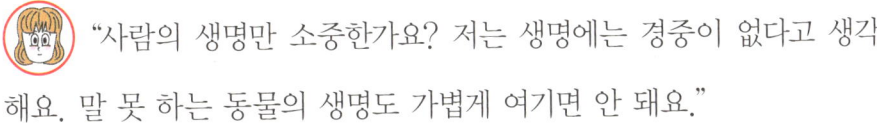 "사람의 생명만 소중한가요? 저는 생명에는 경중이 없다고 생각해요. 말 못 하는 동물의 생명도 가볍게 여기면 안 돼요."

서연이는 주먹을 꼭 쥐고 말했다.

"우리나라를 비롯한 세계 여러 나라는 동물 실험을 적극적으로 감독하고 있어요. 앞서 동물 보호법에서 살펴보았듯이 국가 기관은 유기 동물에 대한 무분별한 실험을 금지하고, 실험동물의 보호와 관리를 위해 최선을 다하고 있어요."

 "선생님 말씀을 들으니 조금 안심되었어요."

마음을 진정한 서연이가 미소를 지었다.

 "생명은 중요하지만, 아직까지 동물 실험을 완전히 피할 수 있을

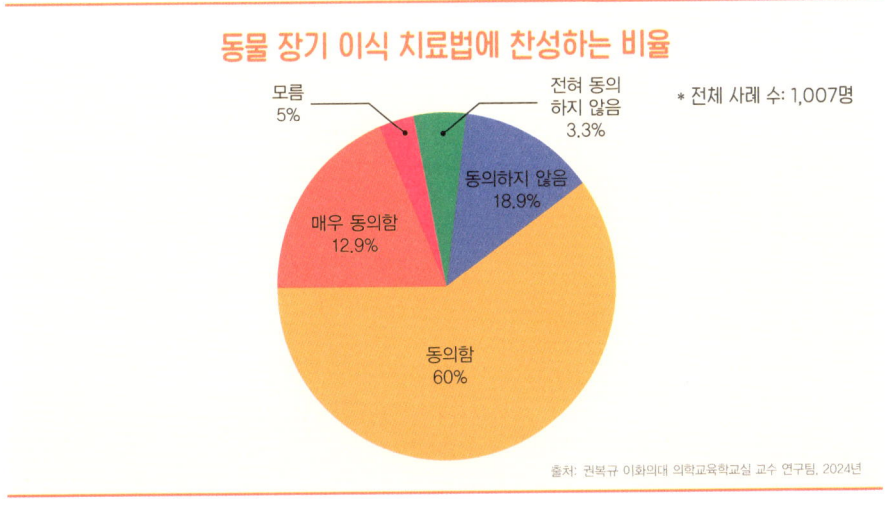

출처: 권복규 이화의대 의학교육학교실 교수 연구팀, 2024년

만큼 과학 기술이 발전하지는 않았어요. 하지만 관련 규정이 있으니, 과학자들도 무조건 동물 실험을 하지는 않을 거예요."

"그럼요. 게다가 전 세계에서 동물 실험을 줄이기 위해 인공 피부 같은 대체 기술을 개발하고 있어요. 아직 완벽하지는 않지만, 앞으로 연구를 통해 부족한 부분을 보완해 나간다면 동물 실험이 없는 미래를 기대할 수 있지 않을까?"

"그런데 대체 기술을 개발하더라도, 실제로 동물 실험을 완전히 없애는 게 가능할까요? 새로운 약물이나 치료법을 개발할 때는 여전히 동물 실험이 중요한 단계라고 들었어요."

동현이가 팔짱을 끼고 물었다.

"맞아요. 그래서 과학자들은 3R 원칙, 즉 '대체(Replacement)' '감소(Reduction)' '개선(Refinement)'을 따르고 있죠. 이는 동물 실험을 최소화하고, 실험 과정에서 동물의 고통을 줄이기 위한 노력을 뜻해요."

"생명을 존중하면서도 과학이 발전할 수 있도록 균형을 맞추는 게 중요하겠네요."

나은이의 말에 선생님이 고개를 끄덕였다.

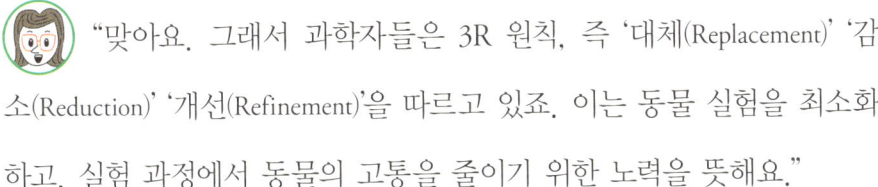 토론의 쟁점을 정리해 볼까요?

 동현 나은   로희 서연

동물 실험, 계속해야 한다	동물 실험, 중지해야 한다
생명 과학 실험에서 현재로서는 유일한 대안이다.	동물의 희생을 강요하는 비윤리적인 행위이다.
각 기관에서 이미 마련된 윤리 기준을 지키며 실험하고 있다.	사람뿐만 아니라 모든 생명은 존중받을 권리가 있다.

동물 실험 대체 기술

전 세계적으로 화장품과 의약품을 개발할 때 동물 실험을 줄이려는 움직임이 확산되고 있어요. 이를 대체할 다양한 기술을 개발하고 있지요.

오간 온 어 칩(Organ on a chip)

작은 칩에 특정 장기의 세포를 넣어 장기처럼 작동하게 하는 기술이에요. 예를 들어 폐, 심장, 눈, 간 등의 칩이 연구되고 있어요. 이 기술은 동물 실험보다 윤리적이며, 새로운 약의 효과와 안전성을 연구하는 데 큰 도움이 될 거라고 해요. 현재 피부 칩은 화장품 독성 시험에 사용되고 있어요.

오가노이드(Organoid)

줄기세포를 배양해 만든 작은 3차원 조직이에요. 이 조직은 사람의 장기와 모양과 기능이 비슷해서, 신약 개발이나 의학 연구에 동물 실험 대신 사용할 수 있을 것으로 기대돼요.

3D 바이오 프린팅 인공 피부

3D 프린터로 사람의 피부와 비슷한 조직을 만드는 기술이에요. 히알루론산과 폴리에틸렌 글리콜 같은 생체 재료를 사용해 '에피덤(EpiDerm)'이라는 3차원 인공 피부를 만들었어요. 이 인공 피부는 화장품 독성 실험에 사용할 수 있어요.

항체 재조합

면역력을 가진 동물의 항체 대신, 인간 항체 라이브러리에서 항체를 만들어 사용해요. 동물의 항체는 변하기 쉬워서 같은 특성의 항체를 많이 만들기 어렵지만, 재조합된 항체는 동일한 항체를 빠르게 대량으로 생산할 수 있어요.